《作家文摘》/编

名人与美食

作家出版社

图书在版编目（CIP）数据

名人与美食 /《作家文摘》报社编 . -- 北京：作家出版社，2021.5

ISBN 978 - 7 - 5212 - 1237 - 2

Ⅰ. ①名… Ⅱ. ①作… Ⅲ. ①散文集 - 中国 - 当代 Ⅳ. ①I267

中国版本图书馆 CIP 数据核字（2020）第 265095 号

名人与美食

主　　编：《作家文摘》报社
责任编辑：姬小琴
特约编辑：娜　拉
装帧设计：于文妍
出版发行：作家出版社有限公司
社　　址：北京农展馆南里 10 号　　邮　　编：100125
电话传真：86 - 10 - 65067186（发行中心及邮购部）
　　　　　86 - 10 - 65004079（总编室）
E - mail: zuojia@zuojia. net. cn
http: // www. zuojiachubanshe. com
印　　刷：中煤（北京）印务有限公司
成品尺寸：142 × 210
字　　数：187 千
印　　张：9.125
版　　次：2021 年 5 月第 1 版
印　　次：2021 年 5 月第 1 次印刷
ISBN 978 - 7 - 5212 - 1237 - 2
定　　价：46.00 元

目 录

○ **味觉人生**

◯ 滋味岁月

○ 非常食谱

第一辑

味觉人生

牛顿的苹果树

◎ 邢小北

一棵 300 多岁的苹果树，结的果子干巴丑陋，果肉粗糙，口感酸涩，就连颜色也是不成熟的绿。这棵苹果树在 1816 年被一场飓风摧折，还好树根被完整保存下来，于是又顽强地生长起来。

就是这棵不起眼的树，被人们视为珍宝。英国皇家学会至今还保存着它的两块碎片，甚至英国女王还用它的碎片装饰马车，以彰显皇家威仪。这棵苹果树更受到世界各地高等院校的追捧，他们争相引进苹果的嫁接枝条，种植在院校中。它为什么这样尊贵呢？

原来，它就是启发牛顿发现万有引力定律的那棵苹果树，被人们称为"牛顿苹果树"。这棵苹果树原名叫肯特之花，生长在牛顿的故乡英国林肯郡的伍尔索普庄园，这是牛顿母亲的庄园。1666 年，23 岁的牛顿为了逃避瘟疫回到庄园。有一天他坐在苹果树下思考问题，一颗苹果不偏不倚地落下砸中了他，这一下就砸出了轰动科学界的万有引力定律。不过，据牛顿的好友威廉·斯图克利在《艾萨克·牛顿爵士的生活回忆录》中记载，牛顿当时并没有被苹果砸中，而是在散步时看到落在地上的苹果获得了启发。

牛顿去世后，他的母校剑桥大学从"牛顿苹果树"上截取了两根枝条，分别种在三一学院和植物园里。其中三一学院的苹果树正对着牛顿当年的卧室，只有数学成绩优秀的学子才允许入住，那青涩的果实在学子眼中无异于闪亮的科学桂冠，等待他们摘取。剑桥大学的苹果树不负众望，在 2006 年，植物园里的那棵苹果树居然结了 250 颗苹果。

跟剑桥大学比起来，其他学院可没那么好运。麻省理工学院里的苹果树几十年才结了一颗果子，而且这颗唯一的果子最后也不知去向。日本名古屋大学的苹果树因为过境时被查出感染褪绿叶斑病毒，苹果枝条差点被焚毁成灰，后来经过植物学家的治疗才免于劫难。

2007 年，天津大学龚克校长率领一行人到伍尔索普庄园考察，在征得庄园主同意后，亲手剪下三根 10 多厘米的苹果枝条。2015 年，中国上海正式展出由"牛顿苹果树"嫁接的新树。头戴桂冠的"牛顿苹果树"不但蒙荫世界，在 2014 年还去过太空漫游，并成功育出 10 棵健康的树苗。

（选自《作家文摘》第 2311 期）

文学里的中秋宴

周密《武林旧事》：中秋宴席设水边

古代南宋宫廷的中秋宴，从周密《武林旧事》中可以看出一些道道来。

南宋淳熙九年的中秋，宴席摆在格调清雅的香远堂内。这香远堂可不简单，就筑在水边，里面的御榻、屏风、器具都是用水晶做成的，连香奁也是晶莹透剔，各种上乘香料躺在明澈的匣子里，满室幽香。

宴会少不了的还有乐曲。月亮初上，正是入席的时候，水池南岸已经有50个女童奏起了清乐，北岸还有教坊乐伎200人相和。据说除了皇室，临安（今杭州）六品以上的官员都得参加中秋宴。

坐定之后，太上皇赵构点歌，让贵妃用白玉笙独吹一首《霓裳中序》助兴，声音清贵出尘，在月夜十分婉转动听。皇帝和百官们，在音乐伴奏下，一边赏月，一边享用丰盛的美食，直到深夜才结束。

曹雪芹《红楼梦》：击鼓传桂花

因为贾母的一句"赏月在山上最好"，贾府的中秋家宴便被安排在了大观园的凸碧山庄上。长期在外出差的贾政回来了，儿子、孙子、重孙围坐在贾母身边，共叙天伦。不过位子可不是随便坐的，左右边坐谁，都有规矩。贾母居中，左边是贾赦家，右边是贾政家。坐定后，贾母命令折一枝桂花，一个媳妇在屏风后面击鼓，大家玩起了击鼓传花。

梁实秋《雅舍谈吃》：松枝烤羊肉

在近代，对许多北方的普通老百姓来说，中秋宴就是家人朋友找个饭馆，围在一起吃烤羊肉。这在梁实秋先生的著名作品《雅舍谈吃》中也有体现。中秋时，烤羊肉上市。要说北平的烤羊肉，正阳楼最有名，工料细致，肉切得很薄。切肉师傅还在柜台近处表演他的"绝技"：一块肉用一块布蒙盖着，一手按着肉一手切，刀法利落。

亲朋好友三五一群围一个桌子，抬起一条腿踩在条凳上，一边吃烤肉，一边喝酒赏月，十分开心。值得一提的是，烤肉用的不是炭，不是柴，而是烧过除烟的松树枝子，所以带有特殊香气。烤肉不需多少佐料，有大葱、芫荽（香菜）、酱油就行。用烧饼夹着烤肉吃，也别有风味。

林语堂《京华烟云》：秋风起，蟹脚痒

中秋螃蟹正肥，家宴必不可少，吃蟹也是中国的老风俗。林语堂的《京华烟云》中就浓墨重彩地描绘了"姚府蟹宴庆中秋"的场景。

主客都落座之后，一个上面放满螃蟹的大绿盘子，被端到桌子上来。全桌的人便纷纷卷起袖子，准备开吃。林语堂说，吃螃蟹不同于吃别的饭那样由仆人伺候，由仆人端送，而是每个人都得自己忙，自己动手。经过一阵忙乱，每一口螃蟹吃到嘴里越发觉得味美。有人吃得快，有人吃得慢。有人爱吃蟹黄，有人爱吃蟹肉，有人不嫌费事爱慢慢吃螃蟹腿。有人把肉吃得很干净，也有人狼吞虎咽。莫愁就笑木兰吃螃蟹就像吃白菜豆腐那样乱吞，虽然夸张了点，但特生动。

老舍《四世同堂》：礼品的色彩

中秋前后是北平最美丽的时候。天气正好不冷不热，昼夜的长短也划分得平匀……同时，那文化过熟的北平人，从一入八月就准备给亲友们送节礼了。街上的铺店用各式的酒瓶，各种馅儿的月饼，把自己打扮得像鲜艳的新娘子；就是那不卖礼品的铺户也要凑个热闹，挂起中秋节大减价的绸条，迎接北平之秋。

老舍笔下的《四世同堂》，各色人等荣辱浮沉、胡同街巷世态灰暗。但适逢中秋，热闹的气氛与斑斓的色彩暂时遮盖了灰暗的时局，"色彩"正是体现在对人们给亲友送节礼的描述上。

民间凡遇春节、端午、中秋等重大节日，嫁出去的女儿携女婿，分家另过的儿子携媳妇，带上礼物回家拜望父母。

八月节礼则是中秋节或提前几天，主礼是月饼，也有鸭子、鱼等。儿女离开时，父母也要回送一些礼物。亲朋好友之间也在上述节日期间互相拜节送礼。该习俗现仍流行，只是所送礼物随时代发展已有变化。

（选自《作家文摘》第 2268 期　郭靖宇等文）

林海音舌尖的乡愁

◎ 默耘

　　如果说老舍描绘的四九城亦庄亦谐，那么林海音的笔下则是从一个孩童的视角，向我们展示了北平蒸气腾腾的生活热度。她在文中说：

　　　　北京做了八百年首都，有所谓五大名菜：烤鸭、烤肉、涮肉、谭家菜、宫廷菜。我不打算说，也不会说，我要从民间的家常菜说起。

　　那些寻常的吃食藏在小胡同小巷子里，林海音却如数家珍，烧饼油条夹泡菜、酸辣萝卜条、玉泉山的汽水、糖炒栗子、四季鲜果等等，都是不可追回的记忆。

　　只羊肉一种，林海音便写出了很多种吃法。用一天时间烧出的五香羊肉，夹在烧饼中，称为"烧饼夹炸羊肉"，再搭配一瓶冰镇酸梅汤。香喷喷的羊肉包子，一年四季都可以吃到，下学路上捧着吃几个，有滋有味；门前挂着清真记号的烤肉宛，下午总是排不上号，心急火燎赶到那里，都是要排大队，但是当伙计吆喝着"一碗肉、一碟葱、一条黄瓜"把菜有模有样摆好，可以大快朵颐时，那心里的痛快呀。除了羊肉，她在很多篇花笔墨写萝卜。绿皮红瓤"心里美"的萝卜赛梨甜，清脆可口，北平飘雪围炉夜话的时候来上一个，果真心里变美了；沙土园的门口还有一家蜀珍号，自制辣萝卜干，回家路上买上一包，还没有到家就一根一根捏着吃完了；六必居、天源、铁门的酱萝卜，配着茶泡饭吃，清爽可口，一碟酱萝卜竟然可以当一顿饭吃。

林海音的母亲在日本和台湾生活的时间比较久，但是林海音却在母亲的饭菜之外自创了一套北京吃儿。例如"汽水泡饭"，用一瓶冰镇的玉泉山汽水倒入热饭里，好像汤泡饭似的，吃起来非常凉爽。从小混迹在北京菜中的林海音，居然跟着家里的宋妈早早学会了擀皮包饺子，用炙炉烙盒子。而林海音的母亲也入乡随俗，大葱爆羊肉、炒青豆、猪肉炒鸡蛋或者豆干丝、韭黄炒豆干、笋片猪肉、炒茭白，并在家涮羊肉，虽然她从来都是捏着鼻子躲在一边，但看着孩子们大口吃喝也很开心。因此去买菜也成为了一种门道，"母亲每天多是到广安门大街的广安市场去买菜，鱼虾就到西河沿去买。春天门口有挑担或推车专卖黄花鱼、对虾的，青菜则有整辆车的红梗绿菠菜"。随之连"切菜"功夫也细细讲述了一番，何时切丝，何时切丁，何时切片，何时切滚刀块，虽未直接描写在旁边等着菜上桌的馋嘴女孩，但已然栩栩如生。

溜达在街上的林海音四处踅摸着好吃的，水果当然不能例外，她写北京的枣，竟然有"郎家园、老虎眼、葫芦枣、酸枣"等好多种，像台湾的桂圆一样普遍，味道却比过桂圆。而"冰糖宝"葡萄、"鸭儿广"京白梨、"喝了蜜的"柿子、青皮脆柿子，虽然流连在文字上，不知不觉已经口水垂涎了。远在台湾的她，落笔之时，又该是怎样的浓浓的乡愁！

（选自《作家文摘》第2224期）

烧烤爱好者亨利八世

◎ 周惠民

英格兰国王亨利八世（1491—1547），讲究吃喝玩乐，鲜少与斯文来往。不过他对英格兰几所著名大学倒是有些贡献：把没收罗马公教的教产送给大学，剑桥大学三一学院和牛津大学的礼拜堂都是他捐赠，这些大学感念至今。

亨利八世年轻时尚属挺拔一路，喜好运动，尤其是"骑马比枪"，中年以后，身材走样，却依旧逞能，使得旧伤不断复发，终至不良于行，此后更开始暴饮暴食，身材日渐宽广。

中古时期，欧洲王公贵族都要将食、衣、住、行弄得极其繁复、华丽或奢侈，以显示其尊贵，社会学者称为炫耀性消费。亨利八世就有这种倾向，尤其是饮膳之际，烧烤是大宗。烧炙食物为贵族阶级专属，新鲜肉品才能炙烤，但会损失许多油脂，平民自然舍不得吃。亨利却特别喜欢烧烤肉品，无论家猪、野猪、牛、羊或是水产，通通炙而食之。亨利的餐桌上还出现大量的面包，独独缺乏适量的蔬菜，这在当时是普遍现象，所有贵族都认为蔬菜是平民百姓的食物，根本不屑一顾。

亨利八世烧烤食品当中较为特别的是"烧炙河狸尾"。欧洲人原本经常食用河狸，并无特别之处。但 10 世纪以后，欧洲人口增加，城镇面积扩大，野生动物栖地受限，野味供应量锐减，各地王公开始限制平民食用野味，河狸也就成为贵族的禁脔。

凡是肉类均可烧烤，孔雀也不例外。罗马人就喜欢烧炙孔雀，再将羽毛一一插回，用金片装饰其喙，观赏之后，分而食之，这道菜在欧洲王室之间流传，并非罕见。天鹅的命运也差不多。欧洲传说中，疣鼻天鹅不会发声，故称为哑天鹅，只在临死之际唱出动人心弦的哀歌，称为天鹅之歌。在许多重要庆典中，烧炙天鹅为压轴大菜，上桌时，还会以金制王冠装饰。英国法律甚至规定：所有疣鼻天鹅均为王室专属财产，任何人食用天鹅必须先获得王后许可。

18世纪以前，英格兰王室并没有吃饭后再吃甜点的习惯，倒是亨利八世特别喜欢甜食。当时亚洲出产的蔗糖已经出现在欧洲贵族的餐桌上。因为路途遥远，糖价甚高，也只有贵族能够消费得起。亨利八世尤其喜欢"马其胖"杏仁糖。马其胖起源不详，应当来自波斯宫廷，将杏仁粉、砂糖、香精混合揉制而成，切成小块食用，16世纪以后，从意大利、西班牙等地传入西欧，德国、英格兰等贵族均甚喜爱。后来也将小块马其胖裹入巧克力中，萨尔茨堡名产莫扎特球便是。

中世纪人对水极端排斥，认为水是万病的根源。当时人不懂得喝煮沸过的水，喝生水极易引起肠胃疾病，一般人都以含酒饮料解渴。亨利八世一天要喝10品脱（约5.7公升）的麦芽酒，外加大量掺糖的葡萄酒。

英格兰宫廷史学者研究显示：亨利八世一个人每周的食材要480英镑，这还不包括燃料与人工费用，而一天摄取的热量高达5000大卡。

（选自《作家文摘》第2203期）

"四美女"入馔记

◎ 吴正格

西施舌

用西施乳比喻美食，端见宋代。张耒笔记《明道杂志》记："吴人以河豚腹中白腴呼为'西施乳'，鲜香滑嫩，状如奶酪，甘腴之至。""白腴"即是雄性河豚的精巢，白嫩显突，似乳房，故喻为西施乳。

西施之美给后世留下想象的空间。也是宋代，闽人又有"西施舌"之谓，即指沙蛤（一作车蛤），属贝类，长椭圆形，似蛤蜊而长大，水管挺长而色白，常伸出壳外，其状如舌，故喻西施舌。明代，做过吴县知县的文坛"三袁"之一的袁宏道，又将白嫩的鲜笋称为"西施腕"，云其"较他舌乳更清新"（《食笋，时方正月》第三首）。

昭君鸭

昭君出塞后，匈奴御厨得想方设法去迎合汉族皇后的口味嗜好。于是就有了一则传说：昭君爱吃用鸭熬成汤，配以油面筋、粉条制成的菜。后来，人们便用肥鸭、油面筋和粉条合而炖之，称之为"昭君鸭"。

但油面筋、粉条那时还没有。所以，"昭君鸭"的传说有瑕疵。昭君出生楚地，楚人有食鸭之俗。昭君怀念乡味，只是配料宜更改为那时已经入馔的竹笋、菱藕，这等食材即使匈奴不产，昭君的娘家自有，取用不难。这样就自圆其说了。

貂蝉豆腐

"貂蝉豆腐"一馔，俗名"泥鳅钻豆腐"，以豆腐比喻白皙美丽的貂蝉，泥鳅是指黑肥奸猾的董卓。泥鳅陷入锅中的味汤里，热得无处藏身，只得拼命钻进冷豆腐中。这便中了王允使貂蝉用的"连环计"：豆腐虽然破形为碎，泥鳅却也逃脱不了被焖煨的命运。此馔，据说是始制于江南或粤地。因烹法智巧，有历史况味，遂成谈资。

贵妃鸡

"贵妃鸡"的传说，大概来自苏海若《皇宫五千年》中"花容憔悴"一节：玄宗传杨贵妃在居所设宴，欲去欢酌，是时未幸，却到梅妃那里去了。贵妃满怀妒怨，独饮至醉。西膳房的厨人以慈禧嗜食鸡肉而制成此菜。清解后传入市肆膳所。

如今，"贵妃鸡"广布各地酒楼饭店，但制法不同。福建的"贵妃鸡"最有特色，看着那大汤盆里一只母鸡鲜肥白嫩，浸在热气腾腾的清鸡汤中，令人不禁联想到杨贵妃在华清池的情景……

（选自《作家文摘》第 2225 期）

百年湘菜：文化里的湖南味道

◎ 尧育飞

2018 年 11 月，剁椒鱼头、小炒黄牛肉、毛氏红烧肉等 15 道湘菜，被作为代表呈上联合国总部外交宴会厅的餐桌。湘菜的实力和魅力，足足让湖湘文化在世界人民面前惊艳了一把。

100 多年前的祭祖菜单

光绪三十四年（1908），被清廷罢官的瞿鸿禨（1850—1918，晚清重臣，曾任军机大臣、外务部尚书、内阁协办大学士）回到故乡长沙，重整家族内部事务便被提上了议事日程。对世代为官的瞿氏大家族而言，家族活动最为重要的是祭祀。

为此，瞿鸿禨亲自制定长沙瞿氏祭祖的全套规约。这份规约涵盖祭祀的顺序、时间、祭品和供品等方方面面，其中更详细记载了晚清湘菜的诸多品种。藏于《长沙瞿氏家乘》中的这份祭品菜单，篇幅近 1500 字，涵盖菜品近 200 种。

与今天人们熟知的湘菜相比，瞿鸿禨家的这份菜单却少见辣椒，含有辣椒的菜肴不过一种——香干红辣椒肉丁。

"湘菜"之名

如今，人们已经习惯将湘菜的历史追溯至马王堆，至先秦，至楚国的大鳖、屈原笔下的桂酒椒浆，但"湘菜"一词在中国文献中出现甚晚。

1914年6月9日，上海《时报》登载通讯云："近日上海有闽菜馆、川菜馆、湘菜馆，几于各省都有某处菜馆……"由此看来，民国初年，湘菜馆已经率先在上海滩亮相了，这时"湘菜"已经初具意思。

然而文献中最早单独使用"湘菜"一词的，可能是谭延闿（1880—1930，字组庵，湖南茶陵县人，民国时期著名的政治家、书法家、美食家，组庵湘菜创始人），据《谭延闿日记》记载，1924年1月26日晚上，湖南醴陵人程潜因先前鲁涤平（湘籍将领，曾任湖南省主席）的要求而设宴，但谭延闿赴宴之后，发现菜肴"并非湘菜"，仍是广州著名的南园酒家风味。谭延闿所谓的"湘菜"，不仅强调湖南的食材，还强调湖南的烹饪技法。

今天，谭延闿的组庵湘菜甚至被认为是"湘菜之源"。作为官府菜，组庵湘菜已经成为湘菜中的著名系列和重要流派。其实，在"湘菜"这一词语之前，谭延闿使用较为频繁的是另一个词语——"湘味"。

1911年7月7日《谭延闿日记》记载："晚，赴易味腴之招……菜皆湘味，惜湘潭酱油多耳。"这似乎说明谭延闿理解的"湘味"应当具备湖南的调料，如湘潭酱油等。

湘菜的辣被概括而出

抗日战争时期，大批知名文人来到湖南，使得湘菜的面目豁然开朗。湘菜的辣椒传统，也在此时被概括出来了。

著名语言学家赵元任的妻子杨步伟在《杂记赵家》中记载了他们一家抗战初期居住在长沙的趣事。原本他们安顿好之后，子女在周南中学读书，其乐融融，然而有一天，赵元任的几个子女跑来抱怨说："我们不能进学堂了，受不了气味和吃午饭，因为大辣椒炒小辣椒，我们闻了打喷嚏不停，吃到嘴里更受不了。"杨步伟将信将疑，于是自己前往学校食堂观察，这才发现："他们用一个大木盆将那些大的、小的、红的、绿的辣椒放到一起，再用一个月牙刀从上往下舂，连辣椒籽都在里面，一面放盐，一面舂。"

杨步伟所见识的是长沙人制作剁辣椒的场景，而留给她终身难忘的印象。她后来常常说起的一句话就是"大辣椒炒小辣椒"。杨步伟曾写了一本英文著作《Food Culture in China》，其中也涉及湘菜，而经验来源则是她抗战时期在长沙留存的湘菜印象。

在临时大学一大批知识分子南迁长沙的进程中，在田汉、郭沫若、徐特立等人记载之下，长沙的一些餐饮店如李合盛牛肉店、玉楼东、曲园、民众菜馆、挹爽楼、清溪阁、爱雅亭等逐步成为湘菜的代表性餐馆，并初步具备了全国性的影响力。

文人对湘菜的塑造

在文字版本学家叶德辉等人管理火宫殿（长沙的集民俗文化、火庙文化和饮食文化于一体的大众场所）时期，他们便对火宫殿的小吃进行了文雅化的加工。这从命名上即可看出，如油炸豆腐，改称臭豆腐；麻油猪血，改称龙脂猪血……饮食上的名称变化并非仅仅是名字改变，而是使得菜品获得了新的内涵。臭豆腐、龙脂猪血由此成为湘菜独一无二的组成部分。

20世纪30年代，长沙城的著名记者、美食家黄性一和萧石朋以精于美食闻名，他们积极参与营养餐厅和奇珍阁等酒楼的菜单设计，所设计的菜单广有声誉，一时被称为"黄单"和"萧单"。

那时，湘菜"四大名厨"之一的宋善斋在育婴街开办"潇湘酒家"，一举成名，大获其利。

文人和美食家在参与现代湘菜事业中，不是止步于菜名，还参与了菜肴制作的指导。譬如谭延闿对其家厨曹荩臣的烹饪技艺和特点相当了解，常常对他加以指导。有一次，谭延闿品尝过朱家美味的汤圆，在他的指导下，曹荩臣制作了汤圆，谭延闿和朋友"乃各吃汤圆一碗，曹厨作也，亦有朱家风味"。

不止于此，湘菜酒楼在20世纪上半期普遍进行了有意识的文化形象塑造。玉楼东酒楼留下了曾国藩之孙曾广钧的名联"麻辣子鸡汤泡肚；令人常忆玉楼东"的佳话。李合盛餐馆既有郭沫若的揄扬，也有长沙人田汉和湘乡名士邓攸园的名对"穆斯林合资开牛肉餐馆，李老板盛情款湘上酒徒"。

甚至当时岳麓山下唯一像样的酒楼"孔恒兴号"店门悬挂的一副红底黑字对联"是圣人裔，结名山缘"，都相传出自王闿运（1833—1916，晚清经学家、文学家）之手。从经营的角度而言，可说现代湘菜一开始便具备了品牌建设和文化建设的企业基因。

（选自《作家文摘》第 2230 期）

"比哈佛还难进"的餐厅

对于许多老饕来说，别具一格的菜单扉页、米其林式的装饰风格、顶尖"潮"派的掌勺厨师——这些都可以成为专程搭趟"飞的"去世界各地大快朵颐的理由。然而有些餐厅，想进去吃一顿却不是那么容易的。

扬特维尔法式洗衣店

位于加利福尼亚著名的葡萄酒之乡纳帕谷的扬特维尔法式洗衣店，是全球最顶尖的餐厅之一。这里的独门法国菜吸引了大量的食客，仅有的 58 个位子始终座无虚席。如果要去这里用餐，务必提前 3 个月预订，即使如此，有时也订不到位。

餐厅在一座普通的二层楼房里，内饰非常简单。顾客不必担心点菜的困惑，因为这里只有两种套餐菜单，很少有人能够抵御餐厅 9 道菜套餐的诱惑，这份独一无二的菜单中包括入口即溶的水煮龙虾和多汁美味的小块羊肉等。如果觉得这份菜单太多了，还可以选择 5 道菜组成的套餐。

清淡可口的吞拿鱼尼斯色拉、香味浓郁的龙虾，表现出餐厅的主人托马斯·科勒在经典法国菜中极简主义的风格。在 2007 年全球热播的电影《料理鼠王》中，那款拯救了古斯特餐厅、让美食评论家科博挑战了原先对烹饪的理解，让其顿觉

"破茧重生"的菜肴"蔬菜大杂烩",正是科勒的杰作。

那么,一家餐厅为何要叫洗衣店呢?原来,早在100多年前这里确实是家洗衣店,为当时居住在此酿酒的法国人提供服务。后来这里也开过餐厅,做过办公室,直到创始人科勒将其开为餐厅时沿用了"洗衣店"这个名字。

肥鸭餐厅

肥鸭餐厅位于伦敦西郊的一个古建筑内,1898年这里就已被列为英国二级物质文化遗产。1995年开业的时候,经营模式有点像法国的小酒吧,提供柠檬馅饼、牛排和薯条。

作为主厨和老板的赫斯顿·布鲁门索,意识到科技在美食中不再只作用于厨房设备上,也可以运用到烹饪方法上。他们会用液态氮气浸泡熏肉和鸡蛋,为了避免破坏肉纤维,熏制的鸭腿在低温中烧60多个小时。用矿物质泉水烹饪蔬菜来保持原有的颜色以及把墨鱼放在微量分子里以提高柔软度。

甚至还与科学家一起研制超凡汉堡,用牛胎血清和瘦肉组织作为基础,在电流的作用下研制出长3厘米宽1.5厘米厚1毫米的试管生物牛肉,制作出的汉堡造价高达20万英镑(约200万人民币)。

布鲁门索还从人文的角度研究客人的心理,将顾客的心理感知融入在分子美食中,如一道菜,水果冰糕与沙丁鱼结合或鸡蛋培根搭配冰淇淋,这种搭配貌似很混乱,但当顾客看到沙丁鱼或培根,味觉再碰到甜蛋糕时,就会感觉到比真实的还要甜的味道。

1999 年，肥鸭获得了第一颗米其林星星。2004 年肥鸭获得了米其林三星，成功跃上国际舞台。布鲁门索也从一个专业厨师成功进化成为一位科学家，他被美食杂志誉为分子烹饪的先锋派人物，是追求非凡口感的新烹饪代表者。

西班牙 Tickets 餐厅

Tapas（达帕斯），是西班牙的一种餐前小食，本来是西班牙人填饱肚子的简易餐点，现在已经成为西班牙的标志性国粹之一。从火腿到鱿鱼，再到土豆蛋饼，什么都能做成 Tapas。

在西班牙巴塞罗那，有一家 2018 年世界排名第 29 位的米其林一星餐厅 Tickets，就是专营 Tapas 的。由于这里以一座难求闻名于世，被人们笑称"比哈佛还难进"的餐厅。

世界上没有任何一处西班牙风味小吃餐厅会像 Tickets 这样充满乐趣和想象力。其入口处看上去就像一个古老的马戏团售票处，它的餐厅也被改造成一个烹饪游乐园，甜品区就像是幻想中的糖果世界变为现实，红色与紫色浆果装饰的天花板、冰淇淋车、鸟笼、五彩的椅子、糖果棒……仿若童话世界一般。

Tickets 的菜单封面也如同马戏团般好玩，漫画中的厨师们化身剧团演员，为客人们奉上一份全面打开五官的盛宴。

餐厅设置开放式的厨房，食客们可以眼见大厨们制作达帕斯的全过程。即便不知道吃什么，也可以完全交由厨师配菜。你只需要告诉服务员特别想吃和忌口的东西，以及想要的人均预算就好。

"一餐下来惊喜不断，'所见非所得'这句在这里要经常被提到，服务员会告诉你，诸如这个看上去是火腿，但不是火腿。"

　　　　　　　　（选自《作家文摘》第 2238 期　李霏霏等文）

马丁·路德如何改变了啤酒

◎ 郭北衡

500 年前的一天，一个不起眼的僧侣马丁·路德发起了反对天主教的抗议运动，从而改变了欧洲的历史。

马丁·路德的新教改革不仅改变了欧洲人的生活、宗教、工作和创作艺术的方式，也改变了他们的饮食习俗。其中就包括啤酒。

新教徒热爱啤酒花

在 16 世纪，天主教垄断了啤酒的生产，因为它垄断了用于调味和保存啤酒的草本植物，比如甘草、艾叶、活血丹、蓍草、帚石楠、迷迭香、刺柏果、姜黄和肉桂。但是教会没有对啤酒花征税。当时啤酒花被认为是不受欢迎的杂草，它们在野外充满活力地四处生长着，这种植物的拉丁名字为 Humulus lupulus，意思是"爬狼"。

"天主教会不喜欢啤酒花，"《酿酒师的故事：啤酒的世界史》一书的作者威廉·波斯特维克说，"其中一个原因是，德国 12 世纪的神秘主义者和著名的女修道院院长希尔德加德曾经宣称，啤酒花对人很不好，因为它让人的灵魂变得悲伤，并且让内脏器官变得沉重。所以，如果你是一个新教的酿酒师，并且想要对天主教表达轻视的态度，最方便的手段就是用啤酒花来代替草药。"

在宗教改革之前，德国的几个小国已经开始使用啤酒花了，比如，1516 年巴伐利亚的法律规定，啤酒只能用啤酒花、水和大麦酿造。

路德的新教改革为这个野草提供了大展宏图的时机。啤酒花是免税的事实让它再加一分。啤酒花还有一些吸引新教徒的特质。比如说它具有优良的防腐性能。之前加入啤酒中的所有的草药和香料都具有防腐性，但啤酒花可以让啤酒更好地运输，所以很快啤酒就成了国际贸易的重要商品。

啤酒花受青睐的另一个原因是它的镇静作用。啤酒花让啤酒口味醇厚和催眠的效果看起来像是缺点，但实际上相对许多具有致幻和催情效果的香料和草药来说，啤酒花是一个受新教徒欢迎的替代品。

随着啤酒花的广泛应用，天主教会失去了对啤酒的控制。路德本人喜欢推广啤酒花啤酒，他的信中经常提到啤酒，无论是他吹捧的比葡萄酒还美味的托尔啤酒、德绍的啤酒，还是让他渴望的他妻子卡塔琳娜自制的家酿啤酒。

1546 年 2 月，他给妻子的最后一封信中，还赞扬了瑙姆堡啤酒的泻药作用。

路德是啤酒守护神

在路德的时代，饮用水不安全，大家都喝啤酒。啤酒是每个家庭的厨房里非常自然和非常普遍的东西。

在路德一生中的关键时刻总会出现啤酒的身影。路德的教义被嘲笑为"酸啤酒",一个批评家贬低他是一个来自维滕贝格的肮脏市镇的异端,那里居住着"靠酿酒厂和酒馆生活的野蛮人"。但是随着他越来越有名并成为一位大众英雄,路德教会推出了一系列商品,其中包括啤酒杯。

在被教会驱逐出境的路德与逃离修道院的修女卡塔琳娜结婚的时候,市议会给了这对夫妇一桶上好的艾贝克啤酒。这是一件非常受欢迎的结婚礼物。

啤酒很快在路德的生活中承担了重要的角色,这要感谢他的妻子。卡塔琳娜非常聪明,能力出众,不仅养育了6个孩子,还照顾路德的大家庭和连绵不绝的访客,此外还种了一个菜园、一个果园,养了牛、猪,还开挖了鱼塘,能驾驭马车。而且,她为了丈夫永恒的快乐还开了一家啤酒厂,每年生产几千瓶啤酒。最初的尝试只生产出了淡啤酒,但她很快就找到了窍门,确切地知道要添加多少麦芽,才符合她丈夫的口味。路德欣喜若狂,声称即使维滕贝格啤酒厂没货了,他也有稳定的啤酒供应。

在路德家仓库一样大的餐厅里,常年坐着50个左右的人。这是路德的特殊讲堂,在一天的工作结束后,他会和朋友们坐在一起闲聊,在他妻子酿造的啤酒的助兴下,谈话变得轻松、跑题,无拘无束。他的学生们把这些谈话整理成一本名为《桌边谈话录》的书。此书印刷出版之后,像病毒一样流行开来。

(选自《作家文摘》第2104期)

面人里面都是戏

◎ 沈沣

清末民初，文学作品中多见面人的身影。

林语堂的《京华烟云》，用面人来夸姚木兰的长相：

> 木兰正式叫了一声"舅妈"。那位老太太在棉袄的兜儿里，掏出来两块银元，放在茶盘儿里说："哎呀，侄女儿呀，你就像过年人家买的那面人儿一样啊。"

周作人在北京的书房叫"苦雨斋"。曾自言"老去无端玩骨董"，写了一篇《骨董小记》，罗列"古董"收藏，其实不过是偶人、竹猫等"玩意儿"，他算了算一共24件，其中有3件是面人。

周作人在文中只说"某氏"所制。"苦雨斋"所藏，应是"面人汤"的作品。

汤子博1882年生于通州，年少时去逛市场，看到山东曹州的手艺人在卖面人。汤子博自幼学画，看面人做得有趣，却又觉得面人做得粗糙，动了自己做面人的念头，然后他把那位卖面人的面都买下来了。

汤子博拓宽了面人题材，最主要的是捏"戏出"。上个世纪20年代，北京永定门外的后村，专门为戏班子缝制戏服。

为了得到第一手的戏服图样，汤子博干脆把家搬到了后村。汤子博捏虞姬，梅兰芳看后说：汤先生捏的这是我扮演的虞姬，您做的面人都是我扮的拿手戏。梅兰芳的书斋缀玉轩里就摆着"面人汤"的面人。

戏剧评论家翁偶虹在《我的编剧生涯》一书中，写过"面人汤"：

> 那时，我每演一戏，就请他们给我捏一个面人，留为纪念。先后捏过《连环套》的窦尔墩、《闹江州》的李逵、《法门寺》的刘瑾、《长坂坡》《阳平关》的曹操、《失街亭》的马谡、《群英会》的黄盖等数十个。

翁偶虹在文中还讲了个故事。他和高庆奎一起逛隆福寺庙会，来到面人汤的摊位，当场两个人就摆了个《战长沙》"会阵"的亮相，高庆奎来关羽，横刀肃立；翁偶虹来黄忠，推髯微睨。此后，翁偶虹请面人汤捏戏出，都是拿自己当模特。

京剧丑角刘斌昆曾经回忆过名角儿盖叫天和面人的故事。有一天盖叫天在回家的路上碰上两个捏面人儿的。盖叫天把捏面人儿的师傅请到家里，让他们捏"武松"，一毛钱一个，能捏多少就捏多少，就是有一个条件，不能捏重样了。两个师傅连续捏了9个，都没让盖叫天满意。终于捏到了第10个，盖叫天一看："好，这个有意思。"他对刘斌昆说：

> 你看，右手反手握拳高举过头，左手正手握拳

按下，右腿前弓，左腿后绷，头部微向左方，目光正视，这才像个英雄样子。

这个面人让盖叫天如获珍宝。后来盖叫天演《武松打虎》，就看到了这样的姿势，不过右手改为半反手握拳了。

（选自《作家文摘》第 2107 期）

胡同里的国宴

◎ 张力

西绒线胡同看起来与北京普通的胡同别无二致。

但这儿南距宣武门，北离西单都不过千米，东到人民大会堂也不过几分钟车程，是北京城里极为核心的地带。许是这个缘故，一家声名显赫的传奇饭馆曾选址在这里，它就是四川饭店。

西绒线胡同 51 号

西绒线胡同 51 号，原是康熙皇帝第 24 子諴亲王之后溥霭的宅邸，光绪年间被封为"勋贝子府"，又被称为"霭公府"。等到革命军兴起，这些靠着国库钱粮过日子的皇公贵胄没了靠山，连宅子都卖掉换了嚼裹儿。这座贝子府的主人变成了民国大银行周作民，宅邸也成了金城银行总行。

解放后，它曾短暂地成为部委机关的办公场所。直到1959年 10 月 1 日，四川饭店才在此处开张。店名是周恩来总理定的，匾额是郭沫若题的。

周总理下令筹建

据老员工回忆，当年饭店建立的倡议源于1959年的五一劳动节。参加完检阅庆典的中央领导共进午餐时，有些川籍首长感叹，在北京好久都没有吃到家乡菜了。在场的周总理听到后，即刻提议在北京建一家专营四川菜的餐厅，并亲自指示由北京市和四川省共同承办。

厨师和服务员均从四川本地选派，饭店的主副食原料也是从四川采购，最大程度保证"正宗风味"。

历时5个月，这家规模最大，口味最为正宗的川菜食府终于落户在西绒线胡同，邓小平、陈毅等国家领导人都成了这儿的常客。毛主席曾先后三次邀请四川饭店厨师长陈松如到中南海做菜。

不嗜辣的周总理尤爱四川饭店的"开水白菜"，一次他在上海用餐后说："开水白菜还是四川饭店的好"，引发上海多家饭店派人进京切磋技艺。

征服外国政要的美味

除了提供一口"难得的家乡味儿"，四川饭店还有一项更重要的工作——以国宴级水准接待外国客人。

1982年，邓小平等国家领导人在此设宴为西哈努克亲王庆祝60大寿，就是一大盛事。准备宴席前，厨师们先要定下菜单，包括冷菜、热菜和小吃共有数十种。菜单定好后，还要经过审查批准，才能进入正式实施程序。定在中午的宴会，准备工作从头天晚上就得开始准备。其中用一根特制长面做出的担担面，令西哈努克亲王赞不绝口。

除了西哈努克亲王，美国人也对川菜情有独钟。不仅散客每天不断，连美国官方也是三天两头来饭店举办宴请。在订餐单上经常可以见到"宴会主办方"一栏中的"美联处"三个字（中美关系是从互建联络处开始的）。而当时美国驻华联络处主任，正是后来当选美国总统的老布什。

改革开放后，四川饭店也融入了市场化大潮，总店从西绒线胡同的老宅里迁出，北京城里也开起了多家分店。1996年起，四川饭店迁往恭王府，并在北京开设了多家分店，2010年迁往新街口。

（选自《作家文摘》第2108期）

炸鱼薯条背后的大历史

◎ 张慧

堪称英国"国民菜肴"的炸鱼薯条，在全英境内门店遍布，达上万家，数量是麦当劳的八倍。一战时英国士兵间曾经流行以"炸鱼""薯条"作为接头暗号，辨别敌我。在2010年"英国十大特色"的全国调查中，炸鱼薯条以73%的得票率领先"女王"和"披头士"，成为英国文化符号。

英国人不爱吃鱼

其实英国人不是很爱吃鱼。虽然有着长达11450公里的漫长海岸线，以及占据优良渔港如布里克瑟姆带来的欧洲第一鱼类捕捞量，但直到维多利亚时代之前的英国饮食文化里，鱼肉都不是主要的肉食来源，甚至是比牛羊肉低一等的食材。莎士比亚时期，也曾广泛认为鱼肉"营养不良"，多吃无益。

在莎翁的名著《亨利四世》中就有："这种不苟言笑的孩子从来不会有什么出息……他们平常吃的无非是些鱼类，所以他们都害着一种贫血症。"

但鱼类这种廉价的食材首先喂饱了沿海地区民众的肚子。英国传统的鱼肉烹调法无外乎"煮、烤、煎、炸"，而将去掉头尾的整块鱼排以面粉裹入、继而油炸的方式，来自于英国以外的犹太人。

20 世纪开始的几年，东欧的犹太移民为了避免迫害来到英国。炸鱼是犹太人的传统食物，在不能做饭的安息日，周五中午提前做好便于保存的炸鱼是犹太人的习俗。最初的炸鱼做法是在鱼身裹上面包糠，以后逐渐开始用蘸了苏打、啤酒或者"家族秘方"的面糊取代。

炸鱼的薯条"伴侣"

薯条的原材料土豆，从 1539 年被西班牙人在秘鲁发现并带回欧洲，到战胜面包和燕麦成为英国人的主食，也差不多花了两三百年。正如鱼类在 18—19 世纪日益上升的捕捞量和所提供的优质蛋白养活了膨胀的人口，土豆这种茄科植物在英格兰岛上大规模种植成功，并且同样能以较多的热量支撑更多人口的生存。

尤其在 18 世纪中叶，传统作物产量萎缩时，土豆依然一枝独秀地扛起了喂饱人类的大旗。到了 19 世纪六七十年代，以油炸方式烹饪土豆条的摊位，在大街小巷的外带食品中胜出。

按照英国牛津英语辞典的记载，"薯条（chips）"这一词最早出现在查尔斯·狄更斯的《双城记》里："将薯条入油、充分炸透。"就在工厂门口的薯条摊位摆出后不久，犹太移民也摆出了自己的炸鱼摊。

炸鱼薯条"手牵手"

两种食物终于碰面了：一个是外来移民简陋的安息日餐，

一个是涌进城市产业工人填补热量的快食，由于在食材来源和烹饪方式上的优势，都是劳工阶级的食物选择。这两种摊位一开始互争客源，针锋相对，不久头脑灵活的犹太人就醒悟过来：为什么不把两者合二为一来卖呢？在这之后，由于工厂食堂的设立和普及，以及餐饮业"登堂入室"的趋势，街头小吃的规模开始慢慢萎缩，炸鱼薯条摊变成了炸鱼薯条店。

依旧是狄更斯，在他的另外一本书《雾都孤儿》中，描绘了维多利亚时代东伦敦街区出现的早期炸鱼薯条："在那脏乱的店里出售的是，许多大小和图案各异的丝质手帕，尽管 Fled 店很小，它依旧囊括了理发店、咖啡店、啤酒店和炸鱼薯条店"。

而现实中英国第一家炸鱼薯条店的经营者约瑟夫·马林是个罗马尼亚犹太人，1860 年他在伦敦 OldFord 街拥有一家叫作 Marlin's 的店，生意火爆时，队伍可以排到半英里长。这两种食材在英国一拍即合，鱼薯生意从 20 世纪起飞速发展，今天，英国有将近一半的鱼是就着薯条吃掉的。

（选自《作家文摘》第 2108 期）

六国饭店：社交场里的政界风云

◎ 张力

电视剧《和平饭店》讲的是伪满时期的东北，一家名为"和平饭店"的奢华酒店，成了日本、伪满、苏联、美国各种势力角逐博弈的舞台。现实生活中，和平饭店在上海而非东北。上海和平饭店有"远东第一楼"之称，从孙中山到鲁迅，从卓别林到蒙哥马利，都与它结下过不解之缘。

其实，在北京城里也有一家与和平饭店齐名的传奇饭店，它就是六国饭店。

民国第一社交场

今天位于正义路南口的华风宾馆，过去是鼎鼎有名的六国饭店，有着"民国第一社交场"之称。

它的前身本是比利时商人 1901 年出资建造的一座国际酒店。由于落成之后生意平平，1905 年由英国人牵头重新融资，吸纳了英、法、美、德、日、俄六国的资本，将酒店推倒重建，并命名为"六国饭店"。

真正让六国饭店声名远扬的，是它所拥有的"政治特权"。作为一家拥有几国资本的酒店，其治安都是由六国军警宪兵轮值。各色人等在这里或勾兑权力，或潜伏、狩猎、刺探……1928 年，日本女间谍川岛芳子便是在六国饭店的舞会上结识张作霖的副官，诱使他透露出张作霖回东北的确切时间。日军才得以在皇姑屯设下埋伏，将张作霖炸死在自己的地盘上。

北国锄奸

六国饭店还曾发生过一桩震惊海内外的暗杀。1933年5月上旬的一天，一个名叫"常石古"的天津来客，在六国饭店内被一个青年连击两枪重伤倒地。事后，被刺者居然否认被刺，坚称自己不慎触电。翌日，这位行迹诡秘的"常石古"在德国医院毙命。

没几天，国民党北平机关报便披露了"常石古"的真实身份。原来，"常石古"真正的名字是张敬尧，是北洋军阀的"皖系"大将，曾担任湖南督军及省长。他被日本重金收买，在北平策动叛乱，阴谋配合日军在华北战场的军事行动。

当时，关东军已经越过了长城，对北平形成三面合围之势，一旦张敬尧里应外合，北平将危在旦夕。因此，蒋介石责令特务处处长戴笠尽快铲除这一巨大祸患。

1933年4月底，戴笠派出刺客，以"南洋商人"的身份高调入住六国饭店，经过缜密的侦查，摸清了张敬尧所住的房间和生活习惯。行动那日，刺客埋伏在洗脸间，待张敬尧前来盥洗时，飞速朝他连开数枪，张敬尧应声倒下。张敬尧的遇刺，粉碎了日本在北平组建傀偏政权的图谋。这次行动也被称为"北国锄奸"，成了六国饭店传奇里浓墨重彩的一笔。

六国饭店定国号

1949 年 9 月 21 日，第一届全国政协会议已经召开，可是新中国的国号还没有定妥。分歧最大的问题是，"中华人民共和国"后面是否还要加上"中华民国"的简称。

为了解决这个争议，9 月 26 日，周恩来、林伯渠在六国饭店举行午宴，款待张元济、何香凝、司徒美堂等 23 名民主人士。宴会前，周恩来谦逊而严肃地请各位老前辈对国号发表看法。经过一番讨论，数日后，在政协大会最后通过的《共同纲领》中，国号是"中华人民共和国"，没有简称。

可惜的是，1988 年一场大火，烧毁了宾馆的老式木地板、楼梯和门窗。火灾后，经过重建和装修，当年的风貌和气派已经全然不见了。

（选自《作家文摘》第 2112 期）

文人与面食的故事

◎ 刘勃

李渔和袁枚的面食谱

古代文人和面食之间的故事，大多和放松的心态有关。白居易写"胡麻饼样学京都，面脆油香新出炉"这样句子的时候，显然没打算传世。苏轼与弟弟苏辙都被贬谪，途中相遇，路边有卖面条的人，于是兄弟二人买了吃。苏辙越吃越觉得难吃，放下筷子叹气。苏轼却狼吞虎咽地吃完，他慢悠悠地对苏辙说："九三郎，尔尚欲咀嚼耶？"

明清时南稻北麦的作物分布，已经完全成型，饮食上自然也是"南人饭米，北人饭面"的局面。李渔自称虽然是南方人但长得像北方人，脾气刚直，饭量强横也像北方人，所以他的饮食习惯，也是不拘南北的，一日三餐，吃两顿米，一顿面。

李渔介绍自家制的面条两种。一种自己吃的，叫五香面；一种待客用，叫八珍面。今天的标准看，五香不过是酱、醋之类厨房常见的佐料，八珍也不过是鸡肉干、鱼肉干、虾米、鲜笋、香蕈、芝麻、花椒和一点汤汁。——总之，他谈吃比较平平无奇，远不如他谈戏文或说荤段子来得生猛巧妙。读书至此，也只是盼他赶紧吃饱好有力气继续说荤段子而已。

袁枚的《随园食单》里，对食物的叙述，要开胃得多。如：

大鳗一条蒸烂，拆肉去骨，和入面中，入鸡汤清揉之，擀成面皮，小刀划成细条，入鸡汁、火腿汁、蘑菇汁滚。

先一日将蘑菇蓬熬汁，定清；次日将笋熬汁，加面滚上。此法扬州定慧庵僧人制之极精，不肯传人。然其大概亦可仿求。其纯黑色的或云暗用虾汁、蘑菇原汁，只宜澄去泥沙，不重换水，则原味薄矣。

周作人对北方面食的歧视

需要注意的是，袁枚把面条归于点心类，意思只是吃着玩，并不当饱的。周作人1956年的文章《南北的点心》，仍强调南方人只把米饭当主食，面条、馄饨、馒头类都是零嘴。如此对照，才显得李渔一天会吃一顿面，确实很北方。而时至今日，虽然南方人普遍自负自己的家乡美食方面比北方强很多，饮食习惯上却也受北方影响很大。超市里速冻饺子卖的好得很，遍地都是来自西北的面馆，恐怕也不见得还有多少人认定只有大米才算主食了。

周作人的文章，摆出不偏不倚的姿态，实则南方人的立场很明显。对北京面食的评价，"馅决不考究"，"面用芝麻酱拌，最好也只是炸酱"，"只要吃饱就好，所以并不求精"，可以说都是贬词。换作出生在北京的老舍、梁实秋写来，景象就完全不同。

老舍《茶馆》里几次出现穷人吃的烂肉面。所谓烂肉，不是说肉切得烂或炖得烂，而是说不是成块儿的好肉，都是些下脚料，所以价钱倒是便宜。这也就得是在北京四九城，有那么多王公贵族需要大量的肉食供给，才能有这么多下脚料剩下来，这渗漏效应多少可改善穷人的生活。周作人鄙视北方人吃得粗糙，但要比一下面食中可以搭配多少肉，号称富庶的江浙，也就只能甘拜下风了。不枉刘麻子说："要不怎么说是条狗也得托生在北京城呢！"

《四世同堂》里，祁老人待客，一句"你这是到了我家里啦！顺儿的妈，赶紧去做！做四大碗炸酱面。煮硬一点！"则标示出炸酱面在老北京人心中的神圣地位。梁实秋笔下的炸酱面，要是晚上 10 点以后发朋友圈里，根本是报复社会。他写北京二荤铺的厨子和自己家里的厨子怎么抻面之优美如庖丁解牛，自家的炸酱调制有怎样的独得之秘，以及自己的一个妹妹，怎样病重垂危的时候，吃了一小碗炸酱面竟然霍然而愈。

梁先生写这篇著名散文的时候，只能吃到薄得稀烂的机器切面，遇到的厨子会把炸酱念成 zhà 酱，所以一碗老北京炸酱面，也就不免成了诗和远方。

（选自《作家文摘》第 2113 期）

《资本论》里的葡萄酒

卡尔·马克思的家乡德国特里尔以葡萄酒而闻名，有关马克思的许多历史文献和他本人的往来书信中都记载着他与酒的渊源。

特里尔传统种植的葡萄品种叫雷司令，特里尔的本地佳酿就是由雷司令酿成的。今天，特里尔售卖一种中高品质的红酒，品牌是"卡尔·马克思"，上贴红色酒标，马克思经典的"大胡子"形象跃然于上。

"卡尔·马克思"成为品牌，恐怕不只因为他是特里尔人。考据发现，马克思的父母在特里尔附近拥有两个酒窖。不止如此，少年马克思也耳濡目染葡萄种植者以及酒农的生活。

历史上，特里尔地区出产的葡萄酒销路很好，当地酒农生活富足。但1828年后，普鲁士王国为扫除德意志各邦国间的贸易壁垒，成立关税同盟，推动德意志境内关税统一。这使得特里尔的葡萄酒产业受到别地生产的低价酒的严重冲击，不少酒庄迅速破产。

对此，马克思在《莱茵报》发表《关于摩泽尔地区农民状况》《摩泽尔记者的辩护》等文章，抨击普鲁士的政策。恩格斯后来评价，摩泽尔葡萄酒问题让马克思的思考"从纯粹政治议题，转向经济学问题乃至社会学议题"。

后来，马克思在辗转布鲁塞尔、巴黎、伦敦的日子里，经常惦念家乡的葡萄酒。恩格斯资助马克思时，常给他捎去一些葡萄酒。"今天寄给你一个木箱，送货运费已付，内有八瓶波尔多、四瓶1846年的陈年莱茵酒、两瓶雪利酒。"恩格斯在给马克思的一封信中写道。

在《资本论》等著作中，马克思、恩格斯经常以葡萄酒业为例阐述劳动价值，分析社会资本构成和一些不合理现象。例如，他在《资本论》第十三章阐述"生产时间"时，就用葡萄酒在酒窖里发酵和存放时间来说明，资本处于生产过程中的全部时间并不必然是劳动时间。

（选自《作家文摘》第2131期）

食物如何影响政治

"美食外交"彰显着餐桌上的学问，也隐含着微妙的政治讯息。

朝韩"料理外交"

在 2018 年 4 月 27 日朝韩首脑会谈当天的欢迎晚宴上，所有的菜式无一不用心：黄姑鱼海参水饺是曾开启韩朝首脑会晤先河的已故前总统金大中的家乡特色；鸭田米饭使用的则是来自前总统卢武铉家乡的大米——他曾参加了 2007 年第二次韩朝首脑会晤。菜品中还包括一道韩式改良版的煎土豆丝饼。韩方表示，选择这道菜是为了向金正恩在瑞士度过的童年时光致意。

此外，韩国总统文在寅还主动要求在晚宴菜单中加入平壤风味的冷面。朝鲜因此派遣了本国最著名冷面馆玉流馆的主厨前往现场亲手制作。在甜品环节，文在寅与金正恩一同用小木槌共同敲碎了巧克力甜品的球形外壳，露出了里面的芒果慕斯，慕斯上绘有象征着半岛统一的蓝色地图图案。

外交领域专家认为，首脑会晤期间的饮食无论是从字面还是象征意义上讲，都为积极的讨论"摆好了桌子"。

印巴"芒果外交"

美国前国务卿希拉里·克林顿称食物是促进双边关系的"最古老的外交工具"。不过,有时并非如此。

在 2002 年印巴关系非常紧张的时候,为了向印度表示友好,时任巴基斯坦总统穆沙拉夫向印度领导人赠送了大约 10 箱巴基斯坦产的芒果。但印度方面对此反应非常冷淡,印度总统和总理办公室的发言人都拒绝对此事发表评论。

"芒果外交"让印度很不舒服。在双方剑拔弩张的时候,巴基斯坦送来水果,让印度领导人吃也不是,不吃也不是。吃了吧,欠人家人情;扔回去,又会被媒体大肆渲染,有失风度。巴基斯坦的"礼物"可以说让印度哭笑不得。

融洽关系的一餐

在 2015 年伊核协议谈判中,气氛一度非常紧张,谈判至少破裂了五次。在此期间,谈判双方的代表一直是分开吃饭的,但在 7 月 4 日美国独立日这一天,伊朗代表邀请美国代表一起吃了面包,并商定就餐期间不准谈公事。这是伊朗人和美国人第一次以不同的方式看待彼此,之前他们都把对方当成敌人。

10 天后,双方终于就伊核问题达成了协议,很多专家都认为,代表们共同吃的那顿饭培育了双方之间的融洽关系。

(选自《作家文摘》第 2133 期)

在宇治抹茶中穿越千年

◎ 雷华

抹茶，起源于中国隋唐时期。将春茶的嫩叶用蒸汽杀青后，做成饼茶（团茶）保存，食用前再次烘焙干燥，用天然石磨研碾成粉末，就成了抹茶。文人墨客咏颂抹茶，"碧云引风吹不断，白花浮光凝碗面。"日本抹茶便是日本茶道文化中最具特色的代表之一。

日本抹茶，属宇治最为有名。据《日本后纪》记载，嵯峨天皇时代，日本骤然兴起了饮茶文化，茶树是当时天皇遣唐使带回的唐风文化的一部分。后来，高僧明慧让人寻找更适宜茶树生长的土地，便找到了宇治，宇治川蒸腾的晨雾对茶叶生长极为有利。于是，宇治便作为顶级日本茶叶产地绵延至今。

很多人会认为"宇治抹茶"是一个品牌的名字，其实宇治市出产的抹茶粉都叫宇治抹茶，宇治小城里有很多抹茶品牌。抹茶又分为薄茶和浓茶，口味上有些分别，薄茶对茶粉的要求相对低一些，而浓茶粉则更加细腻。

刷抹茶，也是非常有讲究的。在日式茶碗里装上适量的水，放入相应克数的抹茶粉，用茶筅快速搅动，直到出现浓厚的小泡沫，一碗抹茶便刷好了。但是，刷一碗抹茶其实并不简单，茶粉量、水量和水温都会影响茶汤的口感。

宇治小城里的抹茶店，以丸久小山园、中村藤吉和伊藤久右卫门最为有名。

丸久小山园在抹茶界鼎鼎大名，是最初在京都种植抹茶树的宇治家后代公司，有着300多年的历史。丸久小山园的抹茶等级分为天授、长安、永寿、云鹤、金轮、青岚等，最顶级的天授抹茶价格非常昂贵，20克就要300元人民币左右。

中村藤吉的历史，可以追溯到1819年。透明的落地窗外，是传统的日本庭院小景，松树与山石的搭配相得益彰，每一处小景都有细节可寻。这里常年有人慕名而来，几乎每天都会排长队，不仅仅是八方游客，日本当地人也爱光临此店。店里正统式的抹茶，味道微苦，吃完甜甜的"和果子"后饮用，简直完美，而这也是日本茶道的传统饮食方法。店里红豆抹茶冰淇淋最受欢迎，几乎每桌都会点上一杯，盛装在竹子造型的碗里，别有一番趣味。

而伊藤久右卫门的店铺在传统中加入了流行的元素，除了抹茶卷、抹茶布丁和抹茶冰淇淋外，还有抹茶荞麦面。

宇治这座小城，没有京都的喧嚣与热闹，小街小巷随处透露着宁静和淡然。漫步宇治，木制建筑古朴而端庄，穿着和服的妇人踩着小小的步履，留下美丽优雅的身影。在抹茶的苦涩香氛中，不知不觉仿佛穿越到了千年以前。

（选自《作家文摘》第2134期）

艺术家的食谱

艺术大师对食物的痴迷程度，一点也不亚于他们在艺术上的追求。

最爱吃白菜的齐白石

同为国画大师的齐白石，却与张大千喜欢食肉不同。他笔下常画白菜，而白菜也恰恰是他最爱的吃食。当年，齐白石有一幅写意的大白菜图，画面上点缀着鲜红的辣椒，题句便是："牡丹为花之王，荔枝为果之先，独不论白菜为菜之王，何也？"

齐白石喜爱白菜不是没有缘由，他出身贫苦，幼年的时候常常以白菜等便宜的食物充饥。但他却没有因此厌烦白菜，反而在晚年生活有了改善以后，依旧保持着质朴的习惯。

有一次，客人带了卤肉来，卤肉外面包着大白菜的叶子。齐白石仔细把白菜叶子抖干净，不舍得扔。吩咐家里人把这片菜叶子切切，用盐"码"上，加点秋油，中午就粥吃。

齐白石与他最爱的白菜还有段趣闻。有次，他坐在画室里，听到外面卖白菜的吆喝声。他心想，为何不画一张白菜去换一车白菜呢？结果，却使得卖白菜的一顿呲哮。齐白石也只能夹着画，灰溜溜地走了。

创造"大千菜"的张大千

张大千是山水画大师，被西方艺坛赞为"东方之笔"。但他更是一位美食、烹饪大师，曾创造"大千菜"。

在他亲自撰写的食谱《大千居士学厨》中，张大千用漂亮的行草记载了 17 道他最爱吃的家常菜，包括：水铺牛肉、绍兴鸡、四川狮子头、蚂蚁上树、干烧鲟鳇翅、鸡汁海参、腐皮腰丁、金钩白菜等。全书 800 多字，言简意赅，却透露了张大千作为美食家的独门秘技。

他曾说："以艺事而论，我善烹调，更在画艺之上。"由此可见，张大千对自己在美食上的造诣颇有自信。就连徐悲鸿都称赞他说："能调蜀味，兴酣高谈，往往入厨作美餐待客。"

他对美食的追求，就如同他对于绘画的追求。在他的眼里，一个真正的厨师和画家一样，都是艺术家。张大千曾经教导弟子：一个人如果连美食都不懂得欣赏，又哪里能学好艺术呢？

想当厨娘的达利

达利是一位具有非凡才能和想象力的艺术家，因其超现实主义的作品而闻名。殊不知，他在自传的第一句话就写下："我 6 岁想当厨娘。"

达利所在的加泰罗尼亚省的人对吃极为讲究，达利曾说："我所有的觉悟都体现在贪吃上，而我所有的贪吃也都变成了觉悟。"他就连表达挑食，也要夹带"美学和伦理学本质价值"

的评论。达利讨厌吃菠菜,因为他觉得菠菜像自由一样不定型。他喜欢吃甲壳类动物,因为甲壳类动物实现了哲学的美妙想法,把骨骼移到了外部,而细腻无比的肉藏到了内部。

他正式以食物为主题的系统创作,是 1971 年的 12 张以菜肴为题的铜版画。两年后又把这些版画,发展成一本食谱,按照材料的不同共列 12 章、136 道菜肴,以妻子卡拉的名字命名为《卡拉的晚宴》。

整本食谱依旧保持了达利一贯的荒谬怪诞风格,甚至里面还有春药的制法。在这些作品中,达利采用了许多中古世纪的历史典故,更局部撷取古典大师们的代表作,以佐证他对吃的观点。在达利的食谱里,龙虾应与鲜血烹食、羊脑要涂在吐司上、弗洛伊德是蜗牛、拉斐尔是八角,自己则是加多了胡椒的调料。可以说,这本食谱是达利对童年厨师梦的美好交代。

与厨房共舞的波洛克

波洛克是抽象表现主义绘画大师,但作为新美国绘画象征的波洛克,生前却一直与贫穷为伍。他以其在帆布上随意泼溅颜料、洒出流线的技艺而著称,这种绘画被称为"滴画",又叫"满幅画"。

波洛克的酗酒人尽皆知,人们称波洛克为:"一个自恋的行动派画家,有酒鬼般的自我摧毁倾向。"但在波洛克家里发现的手写菜谱,却展示了他更为安静内敛、家庭生活的一面。

在波洛克与妻子 LeeKrasner 的故居,厨房中所陈设的用品都十分讲究,例如 LeCreuset 的锅与 EvaZeisel 的餐具。即便在现在，这些都算是厨具里的奢侈品，何况对于当时贫穷的波洛克。如果不是爱好美食的人，不可能使用这样的器具。

波洛克会把在绘画上的创意带到厨房，他制作的苹果派，甚至得到了当地烘焙比赛的第一名。

波洛克的侄女弗朗西斯卡·波洛克就曾这样形容他："他煮饭的方式和他绘画的方式是相同的，不停地使用余下的边角料，搜集物品重新使用，不停尝试不同色彩、不同形状，从来没有浪费。绘画就像烹饪一样，都是一种生活方式。"

（选自《作家文摘》第 2151 期）

"读出来"的古巴雪茄

◎ 程屹

19 世纪上半叶的古巴是西班牙殖民者眼里的一座"永远忠诚的岛",雪茄的醇香弥漫在岛国的每一个角落。

1840 年左右,哈瓦那的雪茄生意极为繁荣,英国、德国、法国……许多欧洲国家都与古巴签订了长期协议,要求每年从古巴进口雪茄。

《曙光女神报》的责任

古巴雪茄业因此急剧膨胀,传统的手工作坊逐渐转型成了雪茄工厂,仅仅在哈瓦那就拥有超过 500 家的雪茄工厂,雪茄工人数量也超过 1.5 万人。

1865 年,雪茄工人出身的诗人萨图尼诺·马丁诺斯创办了一份名为《曙光女神报》的报刊,在它的开篇社论中说:"本报之目的,是为鞠躬尽瘁,对所欲奉献的社会阶级担负起启蒙之责。我们将竭尽所能使自己为大众所接受。"

然而,在那个时代,75% 以上的古巴白人和 90% 的古巴黑人都是文盲,雪茄工人更是如此。《曙光女神报》的读者寥寥可数。

受监狱里为教化罪犯而组织朗读活动的启发,1865 年 6 月 21 日,马丁诺斯在费加罗雪茄工厂组织了首次朗读,从识字的雪茄工人中选出来的工人代表朗读了《曙光女神报》的一篇文章，超过 300 个工人聆听了这次朗读。

朗读打开了一扇窗

朗读给雪茄工人们打开了一扇窗，在他们机械劳动的同时可以听到一些有趣的故事或者新闻。这令工人们十分欣喜，在某种程度上也激发了工人们的工作热情，工厂主因此默许了朗读者走进雪茄工厂。

渐渐地，更多的雪茄工厂开始效仿，许多工厂甚至专门为朗读者修建高高的讲台，以便朗读者的声音越过高高堆砌的烟叶和埋头苦干的雪茄工人头顶传播到工厂的每一个角落。

朗读者成为一门职业，他们的报酬由雪茄工人支付。雨果的《悲惨世界》是最受欢迎的作品。除此之外，司汤达、巴尔扎克、塞万提斯、狄更斯、大仲马的作品也是雪茄工人必选的经典。

著名的雪茄品牌"罗密欧与朱丽叶"和"蒙特克里斯托"都来源于这些被朗读的作品。诗歌和新闻也是工人们爱听的。

雪茄工厂里的朗读无异于一场启蒙运动，西班牙人渐渐感到朗读者身上酝酿的危险气息。西班牙人的警惕是有先见之明的。1895 年 2 月 24 日，一名卷烟工人将何塞·马蒂的起义命令装在一支雪茄里送了出去，点燃了古巴第二次独立战争的烈火。

古巴独立战争期间，一些雪茄工人移民到美国，把美国佛罗里达州的坦帕建成了"雪茄之都"。朗读的传统也随之而来，在坦帕的雪茄工厂里，朗读者曾被誉为"工厂里的王子"，可见其地位之高。

独立战争之后的古巴，美国人取代西班牙人成为古巴雪茄烟厂的大股东。此时，在古巴有120家雪茄烟厂，每一家都有朗读者。

雪茄工厂的朗读者

1923年，广播在哈瓦那的卡巴纳斯雪茄工厂出现了。人们本以为朗读的传统将被取而代之。

"许多老工人都是朗读者的忠实粉丝，但是年轻人喜欢听听广播。广播很快就会受到工人们的青睐。"令人讶异的是，朗读者的地位并未被撼动。

在古巴，有雪茄工厂的地方就有朗读者。尽管无法替代，卡斯特罗政府仍带来了改变。1959年，卡斯特罗执政后，政府把古巴雪茄工厂进行了合并，仅保存了八家雪茄工厂。卡斯特罗执政后，朗读者成为工厂的雇员，拥有了固定的工作时间和固定的工资。

如今的古巴已不是150年前遍地文盲的国家了，朗读者功不可没。在卡斯特罗政府的支持下，朗读者的队伍越来越壮大，更多受教育程度高的人加入到这一行业，他们曾经是记者、教师、诗人……

时至今日，雪茄仍然是上流社会的标志，古巴几乎就是雪茄的代名词：今天的雪茄王国古巴，世界上最优质的烟叶在红土地上茂盛生长，世界上70%的雪茄在这里生产。

而工厂里的朗读员们仍旧如同 150 年间那样，每日走进他们专属的讲台上，朗读报纸、小说、诗歌……他们仍然读雨果和大仲马的小说，但也读《达·芬奇密码》。

（选自《作家文摘》第 2153 期）

美食与文学家的奇缘

苏轼迷恋春鸠脍芹菜

大学士苏东坡不仅是北宋的大文豪，同时也是一位造诣很深的美食家，除了大家所熟知的东坡肉之外，苏轼心心念念的还有另一道菜，那便是春鸠脍芹菜。苏东坡曾在其代表作之一的《东坡八首》中写道：

> 泥芹有宿根，一寸嗟独在。雪芽何时动，春鸠行可脍。

写诗时，苏东坡左迁黄州任团练副使，没有实权，俸禄低微，连自己的温饱问题都不能解决。一日天寒大雪，苏东坡在自己菜地发现一寸嫩绿色的芹菜，于是他便想："这芹菜什么时候能长起来，好脍春鸠吃呢。"

春鸠脍芹菜是苏东坡在家乡眉山时，母亲和妻子为他做过的一道菜，春鸠就是斑鸠。芹菜的清香、鸠丝的鲜嫩外加家乡的辣味……难怪让大文豪念念不忘呢。

白居易的红泥小火炉

唐朝时，火锅器皿系用陶瓷烧成，又叫"暖锅"。诗人白居易在《问刘十九》中便提到"绿蚁新醅酒，红泥小火炉。晚来天欲雪，能饮一杯无？"

围炉聚炊欢呼处，百味消融小釜中。冬天吃火锅可不是我们现代人的"专利"。其实，火锅最早出现于商周时期，祭祀时的"击钟列鼎"而食，便是火锅的雏形。一年四季中，要数冬季最适合吃火锅，看着食材在高汤中翻滚，想着那鲜美炽热的口感，即使是寒冷的冬天，也热气腾腾。

白先勇难忘桂林米粉

白先勇在他的小说中时常回忆家乡，字里行间透露出他掩饰不住的思乡怀旧之情。在家乡的味道中，最令他难忘的便是桂林米粉。白先勇曾说过："我回桂林时，早餐去找米粉吃，中午吃米粉，夜晚吃米粉，消夜又跑出去吃，一天吃三四次！"

桂林米粉还真充满了无敌的诱惑。尤其是干捞粉，米粉圆而润滑，肥而油亮，口感鲜嫩而又韧性。那金灿灿的锅烧，入口又香又脆，加上一些卤牛肉片，然后根据各自口味撒上葱、蒜米、香菜、酸菜（一般有豆角酸、竹笋酸和泡菜酸）和红辣椒。那种辣香味你在外地是绝对找不到的。

李碧华的恩爱"小团圆"

李碧华的作品，从《霸王别姬》到《胭脂扣》文字一贯尖刻泼辣。但谈到美食，你看到的文字一定是色香味俱全，随心而有深意的。对于李碧华来说，冬日里，最暖心的甜品莫过于汤圆，既暖胃又暖心。

　　在香港地铁天后站电气道一带，有家热闹的小店，他们的酒心姜汁汤圆实在很不错，馅儿心是麻蓉加上玫瑰露酒，泡在姜汁糖水中的。咬开柔韧的外皮，酒和姜的独特芳香，令人微醉又乍醒。这设计很有一番心思。汤圆虽是平凡的小点心，但它密实、圆滑、可咸可甜。它在芸芸众生里，活得平安，既成不了被弹打的出头鸟，也不必面对大风大浪大起大跌。汤圆，就是现世凡尘里，一种及时珍惜的恩爱小团圆呢。

（选自《作家文摘》第 2171 期）

古代文人与蟹

◎ 郑学富

《晋书》记载，毕卓少年时就放达不拘，当上吏部郎之后，经常饮酒而废弃公事。有一次，邻居酿好新酒，毕卓因醉酒晚上到酒瓮中盗酒喝，被管酒的人抓获用绳捆缚，天亮一看，竟是毕吏部，遂为其松绑。而毕卓却拉着主人在酒瓮旁宴饮，喝醉后方散去。他曾说：

> 得酒满载百斛船，四时甘味置两头，右手持酒杯，左手持蟹螯，拍浮酒船中，便足了一生矣！

旷达闲适之态溢于言表。古代文人把赏菊、持螯、饮酒、赋诗，视为高雅之事。李白也在《月下独酌》中写道：

> 蟹螯即金液，糟丘是蓬莱。且须饮美酒，乘月醉高台。

诗仙月下持螯举觞、一醉方休的豪放之状跃然纸上。

文人善饮酒，而蟹又是下酒佳肴。当年隋炀帝在巡幸江南时曾称螃蟹为第一美味，还设计出一道名菜"镂金龙凤蟹"。民间也有"螃蟹上桌百味淡""一蟹压百菜"之说。尤其是金秋季节，稻谷飘香，鱼肥蟹美，是食螃蟹的大好时节。明朝文学家、书画家徐渭曾在一幅蟹图上题了一首诗：

> 稻熟江村蟹正肥，双螯如戟挺青泥。若教纸上翻
> 身看，应见团团董卓脐。

此时的螃蟹能肥到什么程度呢？比东汉奸雄董卓的肚脐还肥。董卓硕丰膏，吕布杀之，弃尸于市。守尸的官吏用芯子点上火放在董卓肚脐眼里，"光明达曙，如是积日"。

唐代诗人殷尧藩即使在病中还念念不忘蟹的美味：

> 重阳开满菊花金，病起支床惜赏心。紫蟹霜肥秋
> 纵好，绿醅蚁滑晚慵斟。

无独有偶，宋代文学家欧阳修在病榻上仍不能忘怀肥美的螃蟹，他在《病中代书奉寄圣俞二十五兄》一诗中写道：

> 忆君去年来自越，值我传车催去阙。是时新秋蟹
> 正肥，恨不一醉与君别。

黄庭坚更是对螃蟹情有独钟，他在《次韵师厚食蟹》一诗中咏叹：

> 海馔糖蟹肥，江醪白蚁醇。每恨腹未厌，夸说齿
> 生津。

宋人强至曾感慨说：

何时却挂吴淞帆，霜蟹初肥恰新稻。

方岳也有"草卧夕阳牛犊健，菊留秋色蟹螯肥"的诗句。

苏轼与常州丁公默为同科进士，友谊甚笃，苏轼在任湖州太守期间，曾寄诗丁公默，丁为表达感激之情，送来了蝤蛑（梭子蟹）。于是，苏轼写了一首名为《丁公默送蝤蛑》的诗，尾联是"堪笑吴兴馋太守，一诗换得两尖团"。尖团指雄蟹和雌蟹。苏轼打趣地说由于自己"馋"，用"诗"换来了"尖团"。

苏轼一生仕途坎坷，颠沛流离，数次流放蛮夷之地，螃蟹给他带来了精神慰藉和快乐。他曾经感慨道：

左手持蟹螯，举觞瞩云汉。天生此神物，为我洗忧患。

南宋爱国诗人陆游是个美食家，爱啖螃蟹加美酒，他曾在《糟蟹》一诗中写道：

旧交髯簿久相忘，公子相从独味长。醉死糟丘终不悔，看来端的是无肠。

而另一首写得更是妙趣横生：

传方那鲜烹羊脚，破戒尤惭擘蟹脐。蟹肥暂擘馋
涎堕，酒绿初倾老眼明。

见到螃蟹，馋得口水淌了下来；闻着酒香，昏花的老眼亮
了起来。清代戏剧家李渔嗜蟹如命，每年螃蟹未出时，他就将
钱储存起来，等待螃蟹上市。家人笑其"以蟹为命"，他自称
购蟹的钱为"买命钱"。

诗人袁枚是个美食家，他在《随园食单》说：

蟹宜独食，不宜搭配他物。最好以淡盐汤煮熟，
自剥自食为妙。蒸者味虽全，而失之太淡。

曹雪芹是食蟹专家，他在《红楼梦》中描写了一场螃蟹大
宴，借大观园众人之口生动形象地介绍了食蟹的方法，如"多
倒些姜醋""须得热热地喝口烧酒"等。还借宝玉之手写道：

持螯更喜桂阴凉，泼醋擂姜兴欲狂。饕餮王孙应
有酒，横行公子却无肠。脐间积冷馋忘忌，指上沾腥
洗尚香。原为世人美口腹，坡仙曾笑一生忙。

嬉笑怒骂间，把螃蟹刻画得入木三分、惟妙惟肖，借写螃
蟹，以小寓大，咏物状情，讽刺现实社会。

（选自《作家文摘》第2172期）

奶酪政治地理学

◎ 李树波

荷兰古达奶酪传统上由主妇做。凝成块的奶酪捞到洗脸盆大小的模子里，要揉之搓之，团之按之，把乳清彻底驱赶出去，质地才足够细密。所以荷兰农妇多膀大腰圆，其形象可参考维米尔的《厨房女佣》。瑞士人那种中间有无数圆眼的埃文达奶酪一兜上百公斤，要借滑轮把它吊起，扣进模子，再用碾压机慢慢施压，拷问到它吐出所有的水分。

做奶酪最能积累和物质斗争的经验，必须经常折腾，还要善于借力、用道具，使软的变硬、硬的变软，最后成为我们生命里的美味佳肴。

欧洲版图上，奶酪发达国家与政治活跃地区有重叠的趋势。法国有上百种奶酪，法国人每隔50年就要冲上街头闹一次革命；意大利制酪历史和其革命史一样悠久；荷兰奶酪品种少，但是风味独特、强烈，正如一次尼德兰革命就解决了问题；英国奶酪种类齐全，是奉行自由主义之邦。反例大概可以举希腊。希腊羊多牛少，菲达奶酪独占鳌头。这种奶酪结块后调味，浸泡在自身的乳清里成熟，所含搏斗、蹂躏成分较少。希腊民族进入近代后默默无闻，不知道是否和缺乏与物质的斗争经验有关。

软奶酪三到四周就可以达到理想熟度，硬奶酪需要四到六个月甚至更长时间，产业化经济环境是必需的。英、荷、意、法、瑞士的产业经济和金融发展得较早、较完善，造就了一大批硬奶酪品种。希腊是小农经济市场，只能承载菲达这种短平快项目。

德国奶酪多经过调味，胡椒、蒜、蛋白质发酵后的酸味和浓厚的乳味交融，味道丰腴、完整。德国人在欧洲最早接触东方香料、瓷器、丝绸和文化，莱布尼茨听说过阴阳，歌德评论过《诗经》，黑格尔说"世界是统一与不统一的统一"，而屠夫往香肠里加胡椒和茴香，奶酪作坊主往乳饼里加孜然。德国香肠和奶酪之出色，大约是因为它们是最初的东方农耕业与西方畜牧业的国际合作项目。

德国多软奶酪，这也许见证了德国政治环境的不稳：早年被罗马帝国骚扰；17世纪因为选皇帝的事和丹麦、西班牙、法国、瑞典打了30年仗；18世纪普鲁士国王弗里德里希为了扩张打了七年战争，之后19世纪和拿破仑打，20世纪和全世界打。长期以来，德国每一仗都殃及本土，经济时刻处于崩盘的边缘，硬奶酪作坊这样的长线投资估计也甚少投资者问津。所以国不立，则奶酪不挺。

（选自《作家文摘》第2178期）

《儒林外史》里的美食

◎ 宛蓝

读《儒林外史》只记得几处吃食描写，尤其马二先生的穷措大之吃。因为马二先生游西湖时身上没什么银两，吴敬梓将其举止描绘得非常生动：

> 望着湖沿上接连着几个酒店，挂着透肥的羊肉，柜台上盘子里盛着滚热的蹄子、海参、糟鸭、鲜鱼，锅里煮着馄饨，蒸笼上蒸着极大的馒头，马二先生没有钱买了吃，喉咙里咽唾沫，只得走进一个面店，十六个钱吃了一碗面。肚里不饱，又走到间壁一个茶室吃一碗茶，买了两个钱处片嚼嚼，倒觉得有些滋味。

因为半夜想到这个细节，又将书翻出回忆一番，当时读到马二先生这么落魄颇是恻隐的，他身子又长，想来食量亦不小。后来他在西湖乱走一气后，又在茶亭吃茶，将碟子上的小吃橘饼、芝麻糖、烧饼、处片等每样买几钱的，不论好歹，吃了一饱。

吴敬梓落笔淘气又精到，不论好歹，吃了一饱。将马二先生这个迂腐又落魄的文人形容得跃然纸上。与他写杜慎卿这个风雅人士成为鲜明对比。

有人说杜慎卿这个角色是照着袁枚写的，文中有些细节颇是好玩，想来亦有此种可能。比如杜慎卿在家请客，只用一味江南鲥鱼，配以樱桃、鲜笋，喝的是永宁坊上好的橘酒。这真是一个会家子啊！橘酒这玩意在苏轼年代已盛行，他在《立春日小集戏李端叔》一诗提到：

> 辛盘得青韭，腊酒是黄柑。

杜慎卿还提供了精美的点心以及雨水煨的六安茶，此做派，和《红楼梦》里的妙玉无异，而他自己，只喝酒，以及几颗樱桃、两片笋、一片软香糕。一副名士派头及风格表露无遗。

我一时好事，去翻了袁枚的《随园食单》，讲述鲥鱼做法亦是寥寥几句，似乎并不多放在心上。如果按照野史记载，吴敬梓与袁枚不投契，在文中讽刺几句也是有可能的，毕竟《儒林外史》这本书，本身就是人性展示的舞台，极其精彩。

最有趣的是按照吴敬梓自己原型写的杜少卿，原来也是一个美食家，并不比袁枚逊色。他家招待客人，用"陈过三年的火腿，半斤一个的竹蟹，都剥出来脍了蟹羹"。

因为从杨荫深先生的《饮料食品》一书看到，腊肉之法最早就有，即《易》中所谓腊肉。但他说火腿之名最早似未所闻，唯有明代高濂《遵生八笺》有"火肉"一条，云：

> 以圈猪，方杀下，只取四只精腿乘热用盐，每一
> 斤肉盐一两，从皮擦入肉内令如绵软，以石压竹栅
> 上，置缸内二十日，次第三番五次用稻柴灰一重间一

重叠起，用稻草烟熏一日一夜，挂有烟处，初夏水中浸过一日夜，净洗仍前挂之。

做法非常详细，难怪杨先生说似即现今所谓火腿。从高濂到吴敬梓年代，并不相隔太远，可见明清饮食文化之发达。

（选自《作家文摘》第 2180 期）

国宴菜单的"心机"

◎ 指间沙

2018 年朝韩首脑会晤的晚宴菜单上，有一道黄姑鱼海参水饺，馅料来自韩国前总统金大中的家乡。配上大酱汤的拌饭，大米出自卢武铉家乡，野菜采摘自三八线韩方一侧。炭烤牛肉，牛产自 1998 年"和平之牛"的饲养牧场。烤海鲂鱼，捕自文在寅童年居住的釜山市。比较冒险的是一道瑞士传统小吃炸土豆饼，传闻金正恩曾在瑞士留学，韩国大厨认为值得一试。寓意最鲜明的当属甜品"民族之春"，敲开巧克力外壳，里面是芒果慕斯，绘有朝鲜半岛地图。此前平昌冬奥会期间，韩国送给朝鲜官员的甜品也绘有半岛地图，中间横着巧克力铁丝网，一层融化的白巧克力覆盖其上，代表着关系复苏。而朝鲜方面为晚宴带来的是平壤玉流馆的冷面，满足文在寅的特别期待。

差不多所有国宴都会体现"心与心的沟通"这样的主题。对于菜，有句话叫"上得了台面"，还有什么台面比国宴更重要的呢？

上海档案馆里藏有一张 2001 年 APEC 会议菜单，各国领导人吃的是：冷龙虾、翡翠羹、炒螃蟹、煎鳕鱼、烤填鸭以及美点、鲜果，已经完全中西合璧了。再看看外交部公布的 1957 年中南海怀仁堂宴请伏罗希洛夫的菜：清汤白燕、红烧鱼翅、冬菇围扁豆、炸鸡腿、松鼠鳜鱼、莲茸香酥鸭、冬瓜帽，此外还有冷盘、点心、水果，从食材、烹调到进餐方式都完全是中式宴席。数十年间，变化是巨大的，充分考虑到了外国人的用餐习惯，那些在国外鲜见的中国食材也会考虑贵宾的接受能力。

民间最喜闻乐见的国宴故事，通常与周总理有关。至今走在上海的山阴路上，某家餐馆门口还赫然挂着周总理举筷夹菜给基辛格的彩色大照片。将改版了的盐焗鸡唤作"基辛格鸡"就是周恩来的主意。另一味在外交界赫赫有名的北京烤鸭，曾被周总理多次在国宴场合青睐。

国宴的菜色选择虽然丰盛，但要考虑宾客的宗教禁忌、个人口味、对哪些食物过敏，大蒜等用量也要控制在一定范围内。英国女王伊丽莎白二世就不吃大蒜，且要求端上来的食物吃起来方便，不能弄脏华服。还有，中国人吃鱼讲究有头有尾，每桌上一整条，可不少外国贵宾们不懂吐鱼刺，被刺卡住那就尴尬了。

如何做到不铺张浪费、授人话柄，又能诚意十足、彰显国宴特有的高规格？这是相当考验品位的。不要以为国宴弄得越丰盛越好，弄巧成拙的事儿也时常发生。某年八国领导人峰会在日本举行，讨论食品短缺和对非洲的援助金额等问题，结果主办方精心操持的几场宴会引发国际热议。名为"北海道、大地和海的馈赠"的晚宴，主厨是日本首位摘下米其林星星的中村胜宏，另一场盛宴出自米其林三星的法国大厨之手。领导人们接连品尝到了松露汤、顶级和牛、鱼子酱、螃蟹、香熏乳羊、龙虾、烟熏三文鱼、马粪海胆……这般铺张奢靡，显然与峰会的主题南辕北辙，也难怪一被公布就招致舆论批评。

政治人物厉行节俭在哪个国家都是一种美德。英国撒切尔夫人执政时曾设宴款待到访的法国总统密特朗，主菜是一道小牛排加摩里尔蘑菇，吃得人赞不绝口。可后来她向厨师问起这道菜的价格，就心疼起钱来。1982年撒切尔夫人访华，在北京人民大会堂宴请中方官员，菜单经过多次讨论，最终请她在"人均50元人民币"与"人均75元人民币"间做选择，猜猜她选了哪种？是价格低的那套！英国驻华大使为此极力劝阻，说服她选贵点的才像话。

与撒切尔夫人相反，法国前总统密特朗是个奢侈的美食家，会为了在日本没吃到生鱼片绝食生闷气。在《菜单中的秘密：爱丽舍宫的飨宴》一书中，记载有密特朗宴请到访的中国国家主席的菜单：杰米尼奶蛋鸡汤、鹅肝酱、香辣烤乳羊、腰子沙拉、奶酪、胡桃冰甜点，配的酒是伊甘酒庄（1981）、拉卢韦尔酒庄（1978）、香槟、于那神父（1985）。这套菜单打破了法国国宴的惯例，破天荒地多了一道菜。主厨称："中国人讲究吃，所以总统希望增加一道汤。"

国宴菜单只是薄薄一张纸，读出的信息却吸得出政治的精髓。

（选自《作家文摘》第2182期）

当美食遇上武侠

◎ 李滨彬

　　看过金庸《射雕英雄传》的人，对"二十四桥明月夜"与"君子好逑汤"不会感到陌生。这两道美食都是黄蓉为洪七公精心烹制的，诱得洪七公对郭靖倾囊相授"降龙十八掌"。

　　香港中华厨艺学院曾组织厨师和学员举办"射雕英雄宴"，让美食与武侠擦出火花。

"射雕英雄宴"

　　《射雕英雄传》中，洪七公是出名的美食家，一生追求味蕾享受；女主角黄蓉聪明灵巧，厨艺了得，活脱脱一位厨神。

　　"射雕英雄宴"共八道菜式，"二十四桥明月夜"与"君子好逑汤"将《射雕英雄传》中描述的做法原汁原味地呈现了出来，其余六道灵感均取自小说，加以变化而成，分别取名为"东西南北中神通""矫若游龙五珍脍""七公荷香叫化鸡""岁寒三友聚一堂""鸳鸯锦帕欲双飞"及"桃红玉露兰香卷"。

　　查传倜是查良镛（金庸）先生的儿子，也是一位美食爱好者。据他回忆，父亲当年是位报人，每晚回家都是凌晨两三点，经常吃冷泡饭，能够写出很多奇思妙想的美食主要得益于他读了很多书，从传统文化中吸取了很多精髓。"比如'二十四桥明月夜'这道菜，一荤一素，一浓一淡，两极融在一起，阴阳协调，体现了中国传统的儒家和道家思想。"

据中华厨艺学院中式餐饮及营运课程经理刘惠平介绍，"射雕英雄宴"最早在上世纪70年代由镛记酒家和美食家蔡澜先生共同研发菜单，目前香港共有四家机构做过"射雕英雄宴"。

另据查传偶回忆，以前中秋节晚上10点左右，金庸会让家人一起在家里吃菱角。而《射雕英雄传》中，"飞天蝙蝠"柯镇恶的独门暗器，四面有角，就如菱角一般。很多小说中的想象都源于生活。

除了菜式本身，宴席的菜谱、摆位设计也引入了小说特色，比如座位按照南帝、北丐、东邪、西毒和中神通来摆放，菜谱设计成蓝色的类似武林秘籍的小册子，餐桌上放着学员设计的"降龙十八掌"招式的纪念品。

"叫化鸡"

"叫化鸡"是黄蓉给洪七公烹制的第一道菜，洪七公风卷残云般吃得干干净净，一面吃一面不住赞美："妙极，妙极，连我叫化祖宗，也整治不出这般了不起的'叫化鸡'。"亏了这只"叫化鸡"，郭靖学会了洪七公独步天下的"亢龙有悔"。

相比系统的"射雕英雄宴"，"叫化鸡"这道江浙菜在香港比较常见。湾仔道和庄士敦道是具有典型香港特色的街道，许多老店藏身其中，杭州酒家就位于这里。老板吴瑞康介绍，杭州酒家的"叫化鸡"，需要将整只鸡用酱油和绍兴酒腌制一小时，鸡肚子里塞昆明大头菜、洋葱和猪肉丝，用三层杭州荷叶与绍兴酒坛泥包好后再烤四小时以上。杭州酒家的"叫化鸡"汁多味鲜，很受食家喜爱。

吴瑞康还分享了金庸和国学家饶宗颐在这里留下的趣事，"我们的'叫化鸡'为金庸和饶宗颐所爱，他们每次必点。饶宗颐97岁来杭州酒家时能吃完一整只鸡大腿。金庸爱吃'叫化鸡'和'东坡肉'，不过家人担心他的身体不让他多吃"。

吴瑞康特别感谢金庸，当年老人家来杭州酒家吃饭后留下一幅墨宝，但由于没带印章，回家又重新写了一幅字盖上印章请人送过来。

"黯然销魂饭"

有85年历史的六国酒店邻近香港会展中心，其掌舵人和主厨们将电影中的"黯然销魂饭"也搬到了现实世界。

金庸小说《神雕侠侣》中杨过曾创始武功"黯然销魂掌"。1996年的香港电影《食神》中，周星驰饰演的主人公通过一碗用功夫烹制的"黯然销魂饭"赢得了比赛。

六国酒店中菜行政总厨、香港中厨师协会会长马荣德介绍，这道"黯然销魂饭"和电影中不同，是叉烧饭而不是煲仔饭，但要求精选食材，选用四川梅头叉烧、日本煎蛋、泰国芝香米、香港最好的酱油、澳大利亚紫洋葱等食材，最后用少许猪油混入，"黯然销魂饭"便弥漫出扑鼻的香气。他强调，无论大菜小菜，厨师都得放一份心在里面，缺了心就没有灵魂，食者能够品尝出厨师的用心。

为了让食客保持新鲜感，六国酒店的这碗"黯然销魂饭"

一年内只销售三个月，2018 年的三个月开放期内卖出了 4000 多份。

（选自《作家文摘》第 2184 期）

绿波廊往事

◎ 唐羽

不少人都以为上海豫园的绿波廊是一家百年老店，其实这是一个美丽的误会。在明末清初的豫园，此处是西园阁轩厅，后在 1924 年改作乐圃阆茶楼，直到 1979 年才改建成酒楼，并根据谐音取了个绿波廊的店名。

因接待任务变身酒楼

1973 年，因国内政权更迭而流亡到中国的西哈努克亲王来到上海，并在豫园内吃了一顿饭。按当时的政治氛围和国际环境，接待西哈努克亲王是一个极为重要的政治任务，上海南市区饮食公司的领导丝毫不敢懈怠。

来上海之前，西哈努克亲王在南京逗留多日，并乘兴逛了夫子庙，在那里尝了 12 道点心。南市区饮食公司听说此事后，一定要让亲王吃 14 道点心，体现上海城隍庙的水平。于是，豫园内的各路精英会集一起，整出了一套别具风味的点心，一叶小粽子、桂花拉糕、三丝眉毛酥、鸽蛋圆子、拎包酥等 14 道精美点心集中展现了一次。

廖承志的建议

1979 年，王光美、廖承志、章含之等一批名人来到豫园，听说西哈努克的故事后，指名要尝尝这 14 道美点。后来，在廖承志建议下，豫园商场开了这家绿波廊。

为了保证技术力量，南市区饮食公司还将春风松月楼的著名苏帮点心师陆苟度和周金华、德兴馆的著名厨师李伯荣、大富贵的特级厨师缪杰臣召集起来，联手使这个绿波廊一炮打响。当初接待西哈努克亲王的那份菜谱，据说被一位爱好书法的老职工收藏着。

1982 年，为满足日益增长的消费需要，以精美点心著称的绿波廊开始对传统的本帮菜进行部分改良和开拓，推出了八宝鸭、锅烧河鳗、乳汁扣肉、红烧鲷鱼、虾子大乌参等几十种菜肴。并首创一道菜一道点心交替的上菜方式，在业内称作"雨夹雪"。

佳肴美点令外宾留恋

绿波廊诞生以来的 30 多年里，先后成功接待了英国女王伊丽莎白二世、日本首相竹下登、阿根廷总统梅内姆、古巴主席卡斯特罗、美国总统克林顿等数十批外国元首级嘉宾，被评为内贸部特色饭店。

1986 年 10 月 15 日，英国女王伊丽莎白二世在时任上海市市长江泽民的陪同下，在湖心亭品尝了由绿波廊送去的船点，临别时她站起身来，并脱下手套与服务员握手："中国点心不比英式大餐差。"据说这是女王访问上海以来第一次脱手套与平民握手。

2001 年 10 月 19 日晚上，前来参加 APEC 会议的秘鲁总统托莱多一行，一下飞机就赶往绿波廊就餐，此时已是22点15分。计划半小时解决问题，但在酒楼精心准备的中国民族音乐伴奏下，干烧明虾、宫保鸡丁、葫芦腰果酥、蟹粉小笼等数道菜点他都不放过，离店时已是次日0点15分了。事后，外事部门的工作人员开玩笑说："一顿饭吃了两天。"

佳肴美点是吸引高端国宾的关键之一，但服务到位更让国宾倾心。这个方面，绿波廊是下了真功夫的。有一年古巴领导人卡斯特罗来绿波廊用餐，事先绿波廊通过做"功课"了解到卡斯特罗从来不喝可口可乐，平生四大嗜好之一就是喝朗姆酒，于是派人立即采购。那天晚上，卡斯特罗一进门，看到餐桌上摆着朗姆酒，马上露出了灿烂的笑容。

1998年美国总统克林顿访问上海时在绿波廊吃了一顿工作午餐。克林顿吃了咸菜毛豆和宫保鸡丁后大加赞赏，但由于出访前练了一个月的筷子功仍然不到家，为吃一块桂花拉糕一连换了三双筷子。事后经媒体报道，读者进一步了解了克林顿的率性，而绿波廊通过此事，知名度也大大提升。

（选自《作家文摘》第2191期）

民国时的一碗炒饭

◎ 成健

1926 年 8 月底，鲁迅自北京南下赴厦门大学任教，途经上海，和三弟周建人小聚。在一家小饭馆，俩人因为都不是很饿，便只叫了一碗炒饭。也许是觉得临别之际，不可不对酌几杯，兄弟俩又要了一瓶酒，却不点菜，就着炒饭，慢慢喝着。

鲁迅在北京教育部任职时，月薪高达 300 元，而一碗炒饭，即便是蛋炒饭，在当时也不会超过一元钱。不过一份炒饭，亦饭亦菜，倒也洋溢着浓浓的家常味道。

众所周知，鲁迅夜间写作时喜欢吃一些甜味糕点，而据说，他也特别喜欢以一碗蛋炒饭作为夜点。

再往前追溯一些岁月，在浙东乡村，平常人家用炒饭来待客决不寒碜。鲁迅小说《故乡》里写道，母亲知道闰土没吃午饭，便让他自己到厨下炒饭吃去。虽是简略的一笔，却反映出母亲为人的厚道和随和。

"油炒饭加一点葱花，在农村算是美食。"从高邮湖畔走出来的汪曾祺，若干年后也如是说。

汪曾祺所说的是葱油炒饭，在那个年代，蛋炒饭无疑更加奢侈。但像蒋介石这样的"领袖"，吃蛋不成问题。他担任黄埔军校校长期间，每天早餐都要吃一碟"黄埔蛋"。其做法是，蛋液加葱花、盐、胡椒粉等作料后，热锅菜油，急火翻炒而成。抗战前后的十余年，蒋介石多次出游庐山，流连山水之际，往往乘兴搞顿野餐。蒋介石有时也会亲自为宋美龄露一手——大概也就这么一手，那永远是一碗蛋炒饭。

同样做蛋炒饭，胡适太太江冬秀的技艺就显得十分高超了。胡家的餐桌上，一年四季都是热气腾腾，花样繁多。单单一枚鸡蛋，从蛋炒饭到茶叶蛋，胡太太总能做得不重样。家里来客留饭，她更能拿出美味可口的大菜，这让很爱面子的胡适格外高兴。梁实秋曾在一篇文章中说得细致：胡适对他太太的烹调本领是赞不绝口的，举一例来说，"他认为另有一样食品也是非胡太太不办的，那就是蛋炒饭——饭里看不见蛋而蛋味十足。我虽没有品尝过，可是我早就知道其作法是把饭放在搅好的蛋里拌匀后再下锅炒"。

蛋炒饭常于不经意间成为一个令人回味的细节。1943年秋，胡兰成初读张爱玲的小说，便惊为天人。第二年2月，他从南京来到上海，找到浙江老乡苏青。苏青是与张爱玲齐名的海派才女，彼此关系也极为密切。胡兰成担心直接开口会很唐突，便先邀她一起上街吃了蛋炒饭。饭后送苏青回到寓所，看时机成熟了，胡兰成才吐露此行的目的是要见张爱玲，想请苏青告知张爱玲的住址。苏青果然有些不快，呛了胡兰成一句"张爱玲不见人的"，但毕竟刚刚吃了人家一碗蛋炒饭，迟疑了一会儿，终于还是把地址写给了他。

当然，一碗炒饭，南北风味各不相同。南方以扬州炒饭驰名天下，而相比之下，北方的炒饭也不遑多让。张恨水的《啼笑因缘》里有一段关于木樨饭的记叙。木樨饭是北方的叫法，木樨即桂花。作者接着特意做了一番解释："这木樨饭就是蛋炒饭，因为鸡蛋在饭里像小朵的桂花一样，所以叫做木樨。"

上世纪二三十年代和 40 年代相比，到饭店吃一碗蛋炒饭最大的区别可能莫过于付账。之前一碗蛋炒饭至多一元，而 40 年代后期，因通货膨胀，政府当局滥印钞票，钱如废纸。当时在同济大学兼任教职的诗人穆木天，在《我好像到了一个鬼世界》这首诗中曾写道："付饭钱的票子堆起来，比一盘炒饭还高。我觉得好像把一把票子硬塞进肚子里。结果还是饿。"

　　一碗炒饭，虽微不足道，但也能从中看出民国那段历史背景下的人生甘苦和世道沧桑。

（选自《作家文摘》第 2075 期）

舌尖上的三国

◎ 李庆西

其实，舌尖上的三国叙事没有多少可说。除了喝酒，《三国演义》所有的食馔都是虚写，所有的宴飨都成了一种礼仪场面（或是埋伏了刀斧手的外事活动），但很少提及食物本身。

饮馔之事暗藏凶险

三国叙事不能谈吃，提及饮馔之事，明里暗里都有凶险之象。小说中这类事情甚多，不妨略举数例。

董卓于省台大宴百官，闻说司空张温暗通袁术，当筵命吕布将其脑袋割下，众官面面相觑，一个个吓得小脸煞白（第八回）。可吕布一转身进了王允的密室，二人推杯换盏之时，已注定董卓灭亡之期（第九回）。

后来李傕、郭汜交恶，起因就是郭汜常往李傕府中饮宴，太尉杨彪趁机向郭妻灌输一整套饭局阴谋论（第十三回）。再往后，王子服等人衣带诏事泄，便是在曹操夜宴上被拿下（第二十三回）。曹操煮酒论英雄，让刘备心惊肉跳，饮酌之际竟闻言失箸（第二十一回）。

刘备赴宴，多半是朝刀斧上撞去，赤壁大战前往樊口见周瑜，饮宴之际岂知壁衣中密密麻麻排满刀斧手（第四十五回）；后来赴东吴招亲，周瑜又在甘露寺导演这一幕（第五十四回）。

前一次因关羽护驾人家不敢下手，后一次幸而吴国太认了这门亲，这才化险为夷。

说来，东吴一班人最擅长在饭局上摆弄刀斧剑戟。就连老实人鲁肃也动起这般歪脑筋，在陆口临江亭摆下酒宴，本想逼关羽归还荆州，却弄出个关大王流芳千古的单刀会（第六十六回）。许多年之后，东吴大将军孙綝擅权僭主，吴主孙休用老将丁奉之计剪除之，在鼎食钟鸣的宫廷筵席上将他摁住（第一百十三回）。

之前，太傅诸葛恪专权恣虐，正是被吴主孙亮和掌管御林军的孙峻以同样的方式干掉（第一百零八回）。孙綝乃孙峻从弟，孙峻死后权柄尽归于他，可是他忘了当年孙峻正是在饭局上搞掉了诸葛恪。这样的桥段真是屡见不鲜。

死亡与饮馔相偕而行

《三国演义》只有为数不多的几处提到具体食物名称，而且都称不上什么美馔佳肴。读者最有印象的一物，大概就是曹操之"鸡肋"了。曹操拿不下汉中，屯兵斜谷，此际进退不得，心中颇纠结。庖人送来鸡汤，正好夏侯惇入帐禀问夜间口令，老曹瞥见碗中鸡肋，随口以"鸡肋"为口令。鸡肋者，食之无肉，弃之可惜，主簿杨修由此悟出曹操已有归计，结果招来杀身之祸（第七十二回）。

还有，就是袁术最后的午餐或是晚餐，厨子端来麦饭，他嫌饭粗，不能下咽。兵败之时军中只剩三十斛麦麸，许多人都饿死，这厮竟要厨子拿蜜水来止渴。厨子说："止有血水，安有蜜水!"袁术听了,大叫一声,呕血斗余而死(第二十一回)。生命以食物为保证,死亡却与饮馔相偕而行。

以饮食名义加诸死亡之实,还有更具隐喻性的一例,就是曹操的谋臣荀彧之死。荀彧反对曹操晋魏公加九锡,使曹操忌之恨之,派人给荀彧送去"饮食一盒"。盒上有其亲笔封记,臣僚得到这种赏赐应该是莫大的荣耀,可是打开食盒,里边空无一物。"(荀)彧会其意,遂服毒而亡"(第六十一回)。

大书饮酒之事

《三国演义》不写人们吃什么,倒是大书饮酒之事。

开篇第一回,写刘备、张飞看招军榜文而觉意气相投,"玄德甚喜,遂与同入村店中饮酒"。随后又来了关羽,"入店坐下便唤酒保,'快斟酒来吃,我待赶入城去投军!'"桃园结义之前,是乡村小酒店将刘关张撮合到一起,然后才有桃园中宰牛设酒,痛饮一醉。然后来了两位中山商客赞助金银马匹,又是置酒款待。"上报国家,下安黎庶"之前,哥几个已是喝得昏天黑地。

《三国演义》写各种人物饮酒,自有不一样的情态。赤壁大战前曹操踌躇满志,喝得头重脚轻,立于船头横槊赋诗,这时被扬州刺史刘馥扫了兴致,竟"手起一槊,刺死刘馥"(第四十八回)。这老曹酒后总有故事,早年驻扎宛城时,喝醉酒便要寻妓,搞上了张绣的婶婶。已经归附的张绣这就拼命跟他死磕,竟让曹操折了一子一侄和猛将典韦(第十六回)。

吕布也是喝酒喝出了问题,最后走投无路,终日窝在下邳城内与妻妾痛饮，以致"酒色过度，形容销减"。当他痛下决心戒酒之时，部将侯成却来送酒，这叫哪壶不开提哪壶，吕布竟把人家打得半死……这恰是导致他在白门楼被缚的直接原因（第十九回）。

小说最后一回，也有一番很特别的饮酒文字。镇守襄阳的羊祜与东吴陆抗各守疆界，却是互有通问，长相往来。羊祜叫军士送还东吴这边射杀的猎物，陆抗闻说羊祜善饮，便让来人送去自用佳酿。羊祜部下恐有奸诈，说是这酒千万不能喝，羊祜不听，竟"倾壶饮之"。毛宗岗批曰："关公饮鲁肃之酒是大胆，羊祜饮陆抗之酒是雅量。"说的也对。

小说里难得有这样一段温情文字，敌对双方将领改变不了战争格局，却在酒壶中传递着一份关爱——岂止惺惺相惜，也是天下苍生之念。

（选自《作家文摘》第 2065 期）

赵元任夫人的《中国食谱》

◎ 孙欣

1938 年，杨步伟随丈夫赵元任定居美国，她放弃了热爱的医生本行，成为低调的家庭主妇。1945 年，她写了《中国食谱》，向西方人介绍中国菜与饮食文化，由女儿赵如兰译成英文，赵元任作注。该书出版后广受欢迎，再版 20 多次。杨步伟出身于一个大家族，本无须做菜，也不会做菜，她之所以做起菜来，都是在日本留学期间对当地饭食食不下咽，逼出来的。

杨步伟 1913 年留学日本，1919 年归国。她留学时还没有现在大学生和留学生都离不开的方便面，要吃碗面条反而是最麻烦的事，要从和面做起。杨步伟留学前连鸡蛋都不曾炒过，所以亲朋好友们纷纷惊诧她能做出一桌 16 个菜的宴席，庆贺自己的医院开张。留学生学做饭，自炒蛋始者十有八九。《中国食谱》中，赵元任贡献的唯一一个食谱，是第 143 号"炒蛋"，更具体一点，是猪油葱炒蛋。赵元任认为，炒蛋一定要用动物脂肪，趁热吃。

杨步伟的食谱则比赵元任所做的丰富多了。她的体会是：要成为一名好烹庖，一定要有开放的思想和开放的胃。凡菜必尝，尝的次数足够多就自然会做。另外也要辛勤追问，不耻下问。当赵元任孜孜地问别人某个词在他们的语言里如何发音的时候，杨步伟则孜孜地问某个菜的具体做法。她的确收集记录了很多家常菜和当时流行菜的做法，比如红烧肉、五柳鱼、芙蓉蛋、蚝油豆腐……这些菜简便易行，原料在中国和外国都不难找到，和今天的做法也很近似。

书中另外一些菜色在今天无论是饭馆还是家庭都已经极为罕见了，比如"白汤一品锅"和胡适传授的"徽州锅子"。"白汤一品锅"要用全鸡全鸭全肘和一打鸡蛋，肉料加起来超过10斤。现在很少有人愿意煮这么一大锅。胡适的"徽州锅子"则类似客家盆菜，将鸡块、五花肉、笋干、芋头、炸豆腐、蛋皮卷肉……层层码在锅里，煮熟大锅上桌。这样规模的菜，就算是过年时一大家人也吃不动。

杨步伟还写了一些"入乡随俗"的菜谱，即用中国烹饪的指导思想来做美国的鱼肉蔬菜。"韭葱炒豆腐"即为一例。韭葱（Leek）在西方很常见，粗大多泥，生的时候气味强烈，一熟则变得十分烂软，没有筋骨。杨步伟把韭葱切段，猪油里炒软，再下豆腐同炒，成品应该类似大葱烧豆腐。不过她强调这个菜只有现做才好吃，因此建议一次吃完。另外，她的菜谱中还收录了"炒君达菜"。君达菜中文名叫牛皮菜。看这名字，这种菜的质地可想而知。杨步伟说这种菜跟中国的白菜有相似之处，只是更韧更老，缺少水分。她的做法是先用猪油炒菜梗部分，并加水熬煮一会儿；待菜梗基本软熟，再加菜叶炒两分钟至熟。国外绿叶菜不多，当年可能更少，所以能利用上的绿叶菜都要利用上。

《中国食谱》除了传授中菜做法，令诺贝尔奖得主赛珍珠也能骄傲地做出一大桌像模像样的中国菜以外，杨步伟也写了如何在中餐馆点菜才能吃得好。她建议的"笨办法"就是一道菜一道菜地询问侍者，弄清楚菜里有什么，是怎么做的。这个笨办法也是最好的办法，因为虽然花工夫，但是肯定能保证端上来的菜不会大大出乎意料，吃得可口合意。这个笨办法当然也不仅适用于外国人在中餐馆点菜吃便饭，还适用于在一切不同语言文化的餐馆点菜。

对中国人来说，杨步伟《中国食谱》的最佳读者应该是留学生。有种说法是留学生都是大厨，独自在异域，要想能长期照顾自己的胃口和健康，必须自己做饭不可。再声称自己口味随和的中国人，一离乡也就显出了挑剔。

（选自《作家文摘》第 1998 期）

淮扬菜与"长安街十二春"

◎ 刘岳

民国初年，西长安街一带，有十几家经营淮扬菜风味的餐厅相继营业，其中十二家餐厅有一个共同的特点，餐厅名字带有一个春字，这就是被老北京所称呼的"长安街十二春"。当时，活跃于政坛的江浙籍人士很多，他们将自己家乡的菜肴带到了北京，其中淮扬菜最为流行。那时，达官贵人和文化名流争相到"十二春"一品淮扬菜的清香软糯。

辛亥革命后淮扬菜开始流行

有资料记载，民国初年，在西长安街上曾先后出现了十二家淮扬菜馆，人们把它们称为"十二春"：庆林春、方壶春、玉壶春、东亚春、大陆春、新陆春、鹿鸣春、四如春、宣南春、万家春、淮扬春、同春园。也有"八大春"之说，即：上林春、淮扬春、庆林春、大陆春、新陆春、春园、同春园、鹿鸣春。

"十二春"为什么扎堆西长安街？民国初期，当时的国会（今新华社院内）离西长安街很近，因此西长安街附近聚集了一些办事机构，而且这些机构中江浙籍的人士颇多，因此，淮扬菜饭庄云集于此就很自然了。

淮扬菜又称江苏菜，与鲁菜、川菜、粤菜并称为中国四大菜系，它有着非常悠久的历史。淮扬菜主要指淮安、扬州、镇江三处的菜肴，尤以扬州菜著称。

淮扬菜的发展得益于隋炀帝下江都，他为江南地区带去了北方烹饪手法，再融合江南本土鲜美的食材，淮扬菜一时备受欢迎。唐朝时期，扬州富甲天下，淮扬菜得到极大发展。

淮扬菜刀法细腻；菜品还讲究原汁原味，清香爽口，回味悠长；选料讲究时令新鲜，原料以河鲜为主，有"醉蟹不看灯、风鸡不过灯、刀鱼不过清明、鲟鱼不过端午"之说；烹饪讲究火候，擅长炖、焖、煨、焐、蒸、烧、炒。其代表菜品有红烧狮子头、软兜长鱼、文思豆腐、虾籽蒲菜和文楼汤包。

据说当年乾隆皇帝"六下江南"时，还特意将江苏的一些名厨带到京师，为他烹制淮扬菜肴。《红楼梦》中描述的菜肴就多为淮扬菜，不过那年月的淮扬菜"躲在御膳房人不识"，普通百姓难以问津。

经营淮扬菜馆的多为镇江、扬州、苏州人士，他们把家乡文化也带到了北京。"十二春"的伙计们吆喝声不像京城小饭庄那样大声"来了您呐，里边请!"，而是细声细语，温馨之至。"十二春"在店堂装潢、布置上也突出文化色彩，名人字画必不可少。

"十二春"还促进了西单一带的繁荣。人们在"十二春"用餐之后，就到新新大剧院（后来的首都电影院）、中央电影院（今北京音乐厅）和长安大戏院娱乐消遣。除了戏院外，这儿还出现了"理发一条街"，一些"新派"人物对老北京人的剃头挑子不感兴趣，于是有人在这儿开设了"中国理发馆"，光技师就有40余人。

文人与"十二春"

"十二春"不仅为活跃在政坛上的江浙人士解决了"思乡之苦",还吸引了一大批文化名流。"长安街十二春"中,关于大陆春的记载比较少,但是通过一些记载,仍然能够一睹它当年的风采。大陆春的红烧羊肚菌等"当家菜"很受食客欢迎,在北洋政府教育部任佥事的鲁迅,就多次在大陆春聚朋会友。他在1926年5月10日日记写道:"晴。上午往北大讲。访小峰。访季野。得谭在宽信。午后得语堂信招饮于大陆春,晚赴之,同席为幼渔、季市。董秋芳来,赠以《故乡》一本。"文中的语堂就是著名作家林语堂先生,他是福建人。淮扬风味适合林语堂、鲁迅的口味,他们在这里饮宴自然顺理成章。

1929年,清华大学教授朱自清结发妻子武仲谦因病去世。1931年4月,经朋友劝说,朱自清在叶公超等人陪同下来到大陆春饭庄相亲。那天朱自清的衣服搭配出了点问题,米黄色的绸大褂下却穿了一对双梁洒鞋(布鞋的一种,旧时多为蹬三轮车的人穿),陪陈竹隐前去"参谋"的女同学不同意她嫁给这个"土包子",但陈竹隐看上了才华横溢的朱自清,由此开始一段美好姻缘。1932年8月4日,34岁的朱自清与29岁的陈竹隐正式举行婚礼。

另外一家餐厅庆林春只存在了短短的二十几年,不过,1941年在这儿举行的一场不同寻常的"婚礼",时至今日还常被人提及。1919年春天,55岁的齐白石老人第三次到北京,此后就在北京定居。来北京时,齐白石的发妻陈春君留在湘潭没有随他进京,但又担心他的生活。于是,当年7月,陈春君将胡宝珠送到北平与齐白石完婚，从此胡宝珠就一直陪伴着齐白石。1940年初，陈春君在湘潭老家去世，许多亲友劝慰齐白石把胡宝珠"扶正"，作为继室。1941年5月4日，齐白石在庆林春饭庄订下了3间一套的包房，邀请胡佩衡、陈半丁、王雪涛等人为证，举行胡宝珠立继扶正仪式。在场的二十多位亲友都签名盖章以资证明，白石老人当着亲友的面，在族谱上批明"日后齐氏续谱，照称继室"。

同春园："十二春"中唯一的幸存者

"十二春"中的同春园1930年开业，餐厅的几位合股人是从生意不佳的四如春饭庄出来的。"同春园"名号寓意"同心协力春满园，花开茂盛，生意兴隆"。开业当天，餐厅邀请著名书法家、时任北平电灯公司经理的冯恕捧场。冯恕当即挥毫贺之，写下了对联："杏花村内酒泉香，长安街上八大春。"

但是，同春园开业之初，生意并不太好，还有几位厨子相继跳槽。主灶的郭干臣四下求贤，高薪请来了在虎坊桥春华楼扛起江苏菜大旗的王世忱。王世忱祖上两辈都在王府当厨，得家传后赴南京镇江学艺。王世忱一来，同春园横、竖匾都硬了，饭庄生意也红火了。

同春园主要以苏帮菜为特长，烹制河鱼湖蟹菜肴十分出众。河鲜类菜以烧、煎、烹、熘、炸、焖手法为主，菜品鲜嫩清淡，保留食材的原汁原味。鱼的做法尤为丰富，有干烧青鱼、红烧中段、干烧头尾等经典菜肴。另外一道菜品水晶肴肉（也叫水晶肴蹄）300多年前就在名肴之列，近代文人赞誉：

"风光无限数金焦，更爱京江肉食饶。不腻微酥香味溢，嫣红嫩冻水晶肴。"所以有"肴肉不当菜，镇江一大怪"的说法。

在历史变迁中，同春园成为长安街众多"春"字号淮扬菜馆中唯一存下的一家。1936 年，同春园招股扩建，成为有东、西两个四合院、带几个小套院共计 25 间房的大饭庄，面积扩大到 800 平方米。但是，连年的战乱，使北京的饮食业日渐衰落，同春园也是惨淡经营。

1954 年，长安街扩宽马路，同春园迁到了西单十字路口西南角把口儿。1999 年，为迎接新中国五十年大庆，西单路口大面积改造，同春园再次迁址到新街口外大街甲 14 号的十月大厦，2006 年被国家商务部认定为"中华老字号"。

（选自《作家文摘》第 1938 期）

《色·戒》里的川菜馆往事

◎ 李舒

蜀腴开业

1937 年 1 月 1 日的《申报》，有条广告引人注意——"蜀腴川菜社今日开幕"。

蜀腴川菜馆今天之所以为后人所知，主要还得归功于张爱玲《色·戒》中的一句对白。

蜀腴川菜馆开在上海浙江中路以西、九江路以南的广西北路上，有五开间门面，二楼全部是包厢，并不算便宜。上海太太请客，最讲究噱头，蜀腴有名厨，做的是改良版的海派川菜，请客又有包厢，花头经（上海方言，形容花样多）十足，特别适合带外地人去吃。

中医名家陈存仁回忆，藏书家沈知方请他在蜀腴吃饭，只点了回锅肉、干炒牛肉丝、干烧鲫鱼和一个汤，结账为 3 元 1 角 8 分。这一顿所谓的"随便吃吃"令他大呼不便宜。

"文艺大厨"刘伯年

四川人刘伯年看到了这则广告，用现在的话说，他是一个十足的"文艺青年"，非常热爱画画，并以艺术大师吴昌硕为偶像。为了追随偶像的脚步，24 岁的他打算从成都跑去上海拜吴昌硕为师，结果在路上被抓了壮丁，差点被枪毙。关键时刻，他凭借一手好厨艺活了下来——给川东军阀刘森部下的一个师长做饭。

后来，刘伯年好不容易找到机会，偷偷逃了出来，继续南下，终于在上海十六铺码头上了岸。他辗转打听到吴昌硕家的地址，却得知吴昌硕已经去世一个月了。刘伯年悲痛万分，怅然之余，他只好投考新华艺术专科学校，幸好他遇到了吴昌硕的弟子王个簃。王个簃对刘伯年颇为器重，给予他全额奖学金，资助他完成学业。

看到《申报》上蜀腴川菜馆的招聘广告时，刘伯年已在海派画坛沉浮了10年，郁郁不得志，他忽然想起自己当年的绝活——烧菜。

面试颇为成功，因为刘伯年一见面，就向蜀腴川菜馆的老板、四川内江人徐鹤轩讲出了蜀腴生意不佳的重点——应该用上海人的口味对传统川菜进行改良：刘伯年主张在烹制鱼翅、海参、鹿肉、蹄筋、驼峰等高档原料时，采用干烧烹调技法，以微火慢烧，收汁亮油，成菜后色泽红亮，味香醇厚，汲取南菜之长又区别于南菜味偏清淡的做法，自成一格。同时也要兼顾大众消费，菜品要突出滋味鲜香醇厚、清辣微麻的特色。

徐老板见刘伯年如此有见地，最终决定自己隐退，让刘伯年来掌管蜀腴川菜馆。

"夜光杯"名字的诞生地

当时的川菜市场竞争十分激烈，川菜和其他菜品结合的风俗也渐渐蔓延开来。即使如此，蜀腴的生意仍旧红红火火，1947年出版的《最新上海指南》所附的知名川菜馆名录，蜀腴赫然在目。

在1949年的《上海手册》里，蜀腴仍旧在上海著名川菜馆的名册中，连民国第一美食家唐鲁孙也赞不绝口：

> 当时上海广西路的"蜀腴"以粉蒸小笼出名，粉蒸肥肠、粉蒸牛肉，酒饭两宜。叶楚伧先生当年在上海，良朋小酌，最喜欢上蜀腴，尤其欣赏他家的干煸四季豆，蜀腴经过叶楚老的誉扬，生意就越做越火爆了。

值得一提的是，《新民晚报》副刊"夜光杯"的名字也诞生于蜀腴。1946年5月4日，《新民晚报》创始人陈铭德、邓季惺夫妇在蜀腴川菜馆请几位主要筹办人吃饭，酒过三巡，大家讨论副刊名字，张慧剑举杯一笑：葡萄美酒夜光杯。遂定之。

"门下第一人"

不过，在餐饮业天才刘伯年的心里，最放不下的还是他的艺术梦。

在蜀腴的常客名单中，少不了刘伯年的朋友张善孖、张大千兄弟。刘伯年在新华艺专读书的时候，得到张善孖的教授；后在《美术生活》任美术编辑时，又常去大风堂向张氏昆仲借阅近作和所藏古人名迹载于杂志，因而与张大千稔知。

在担任蜀腴川菜馆经理期间，刘伯年的另一收获是结识了云起楼的老板严惠宇。江苏镇江人严惠宇，是上海滩颇具影响力的实业家，他有感于当时许多藏家为了生计被迫将古董卖于日伪势力，于是设云起楼，奉行"只进不出"的收购宗旨，希望能保护文物，使之不流入海外。

严惠宇非常欣赏刘伯年，延请刘伯年和潘君诺、尤无曲在云起楼帮助鉴定、整理购藏字画，并为时任蜀腴川菜馆经理的刘伯年提供住房。刘伯年、潘君诺和尤无曲因此并称为"云起楼三客"，他们的艺术宗旨是"避俗"。这一时期，刘伯年的作品富有隐逸之气，确实不俗。

1945年，经刘海粟推荐，刘伯年的作品获选参加英国伦敦、法国巴黎的美术作品展览，获得好评。但大家还是忘不了他的厨艺，张大千收徒宴，刘伯年烧"干烧明虾"；李可染到上海看望王个簃，刘伯年买了一条鱼，问李可染要怎么吃，李答曰"随意"，之后便尝到了一味令他久久难以忘怀的"川味黄鱼"。

后来，蜀腴川菜馆关闭，刘伯年成了书画界的"香饽饽"：已到国家文物局就任的张珩想请他去北京故宫博物院参与文物整理与临摹工作；中央美术学院华东分院恢复国画系，诸乐三向潘天寿点名要刘伯年，想请他去任教；上海中国画院筹备委员会成立，王个簃则推荐刘伯年入画院任画师。1983年冬，刘伯年在上海举办个展，上海文史研究馆、西泠印社、上海美术家协会分别聘其为馆员、社员、会员。

王个簃 89 岁时在 84 岁的刘伯年的《老吾老图》上题：

丙寅立夏节，伯年弟近作笔精墨妙，别饶佳趣，是我门下第一人也。

（选自《作家文摘》第 2372 期）

第二辑

滋味岁月

世界各地的路边摊

◎ 胖龙虾

旅行的时候逛一逛世界各地的路边摊，感受一下别样的风土人情，实在是不可或缺的一桩美事。

澳门是个有趣的地方，赌场奢华，市井气却也浓郁。在澳门一定要吃街头的明档牛杂，在市中心最繁华马路的巷子口，就有一个流动摊位，老板是夫妻档，经营了 20 多年，刮风下雨从不间断。白天没法开，夜黑了才摆出来，你只要路过，马上能闻到车水马龙中飘过来的一股卤香，绝对迈不开步，口中生津。从排队的人群间隙中望去，只见老板从卤水里捞出牛肚、萝卜、鱼丸、油豆腐，老板娘飞快地用剪刀剪成小块，再舀一勺卤水，添一点特制辣酱。卤水热气咕嘟咕嘟地冒，人声嘈杂哇啦哇啦地喊，等那炖至酥烂香气浓郁的牛杂萝卜入口，一时整个世界都突然安静了。

同样的夜市路边摊，新加坡的管理确实有其独到之处。在摩天轮下，新加坡专门辟了一处由政府管理组织的夜市，那里重现了新加坡的旧日风貌，复制了 20 世纪六七十年代的感觉。最热火的是牡蛎煎蛋，老板一边疯狂地磕鸡蛋，把一大盆的鸡蛋液整个倒入滚烫的铁锅，一边再倒入新鲜剥出的牡蛎：用巨大的铁铲上下翻炒，撒盐、香葱、调料，即可起锅开卖，到我手中还是滚烫的，入口滑嫩，香气扑鼻。这份带着镬气的美味，不在路边摊候着，你是绝对无法体会到的。

同样的路边摊，到了欧洲就不会这么烟火升腾了。10月天气渐寒，在西班牙的广场上，我看了美术馆，走累了，坐下来歇息的时候，幽幽地飘来一股焦糖香气，在寒风中透着暖意。转头看去，是路边摊的烤板栗。在欧洲，板栗最简便、最能保留原汁原味的做法就是直接在炭火盘上烤。

欧洲的路边摊除了烤板栗，还有牛肚包，意大利佛罗伦萨最出名的路边摊美食就是牛肚包。牛肚包其实有点像西安的肉夹馍，先将托斯卡纳小圆面包一切两半，牛肚是提前卤好了泡在汤汁里的，现吃现切，再佐上红酱和绿酱夹好即成。肉夹馍当然要吃热的，牛肚包也一样，带着汤汁夹着炖烂的牛肚，那吸满汁水的面包才是精华。有一家很有人气的牛肚包路边摊摆在通往广场的一个交叉路口，旁边就是但丁故居。我拿着一份浓香的牛肚包一边啃，一边转头去瞻仰欧洲古典文学大师，真是一种极为奇妙的感觉。

与欧洲的文艺范儿不同，美加的路边摊就粗犷奔放很多。旧金山市中心的繁华路口，有一家华人开的路边摊清水煮龙虾。一个巨大的清水锅子，你点一整只波士顿小青龙，老板帮你活烫扔进热水锅。5分钟就捞起，小青龙通体变红，冒着热气交到你手里。

（选自《作家文摘》第 2247 期）

电影之味，导演之胃

◎ 吴泽源

饮食是日常

光是看电影名，就能知道食物在小津安二郎的作品中有多重要：《南瓜》《茶泡饭之味》《秋刀鱼之味》……出现在小津电影里的食物，都是家常菜，拉面、炸猪排、秋刀鱼和茶泡饭，透着平民百姓的世俗气息，无比契合这些电影讲述的家长里短。

王家卫电影中的痴男怨女，经常说着略显矫情又文绉绉的台词，于是在电影中添加食物元素，就成了让电影沾上几分烟火气的手段。《阿飞正传》的小吃部、《重庆森林》的便利店、《堕落天使》的大排档和《花样年华》的云吞面摊，是王式人物标志性的邂逅场所。同时，王家卫也很喜欢通过主人公独自吃饭的镜头，来烘托其落魄和寂寞。

在《教父》里，黑手党成员们会抛下正事，认真讨论意面酱的配方问题。在科波拉和杜琪峰的电影中，食物带来的日常氛围，总是会和影片冷酷肃杀的整体气质形成鲜明对比。

饮食是权力

在另一些导演的眼中，"吃"这个动作不只是日常行为，还象征着权力与贪婪。英国导演彼得·格林纳威就很善于用食欲来指代贪婪：不论是《建筑师之腹》中暴食无度的建筑师，还是《厨师、大盗，他的太太和她的情人》中狼吞虎咽的匪帮头子，周身上下都散发着贪得无厌的臭气，让他们最终成了自己的掘墓人。

而在昆汀·塔伦蒂诺的电影中，那些反派角色往往都有着惊人的胃口。《金刚不坏》里的特技人迈克酷爱烤干酪辣味玉米片，《无耻混蛋》里的兰达上校对奶制品和果馅卷有着特殊爱好，《被解放的姜戈》里农场主卡尔文一直在吃糖果、蛋糕等甜食，而《低俗小说》中的朱尔斯则是个把别人的汉堡抢过来大咬一口的恶霸。

在马丁·斯科塞斯的电影中，食物要么代表着某种社会意义，要么代表着对某种社会意义的反叛。《无间道风云》中的比利，就因为在酒吧点了杯缺乏男性气概的蔓越莓汁，引起了陌生人的嘲笑；《纯真年代》中令人眼花缭乱的餐具和餐桌上的繁琐礼节，都在表现 19 世纪纽约上流社会的保守和压抑，也让男女主人公冲破社会约束的心越发坚决。

胃口不好的导演

有些导演明显不是很热爱吃东西，他们的饮食习惯既规律又乏味。伍迪·艾伦 50 多年来的早餐从未变过：一杯鲜榨橙汁、一碗加脱脂牛奶和葡萄干的麦圈，最上面放几块香蕉，他觉得打破这个习惯可能会招来厄运。

而英格玛·伯格曼在拍戏时，只吃特定牌子的饼干和瑞典酸奶。如果发现有人在片场偷吃他的饼干,他就会大发雷霆,疑神疑鬼。为了以防万一,他每次都不吃最上面的几块饼干。显然,他们的饮食习惯,就像他们的电影一样谨小慎微、忧心忡忡。

还有两个患有厌食症的导演:史云梅耶和阿尔真托。史云梅耶在童年时严重厌食,曾被送进特殊机构强行进食。在《贪吃树》《食物》《对话的维度》等动画名作中,他就以食物作为主题,展现了一个个荒诞离奇的卡夫卡式梦魇。

阿尔真托的厌食症更可怕:由于特殊的不耐受体质,他不能吃面包、比萨、芝士、奶制品,连咖啡都不能喝。他不喜欢在片场看到任何食物,拍戏期间什么都不吃。爱拍恐怖片的他,甚至会把对食物的厌恶投射到作品中:《阴风阵阵》里,他特意通过色彩处理,把食物都变成了芝士般的颜色,因为他最讨厌芝士。

嗜吃如命的导演

导演塞尔乔·莱昂内曾因为中午吃饭时间太久而被炒了鱿鱼,失业的他这才开始有时间写剧本,写出了经典的意大利西部片《荒野大镖客》。随后,在拍这部电影时,剧组每顿午餐都吃得非常丰盛。

费里尼喜爱千层面和烩饭,最爱的是意大利国民食品——马苏里拉奶酪。他老年后,由于有中风病史,医生嘱咐他,绝对不能吃马苏里拉奶酪。然而在和妻子结婚50周年纪念日那天,他还是没管住自己,随后他被噎住,再度中风,第二天就离开了人世。

　　奥逊·威尔斯的暴食纪录之一，是在洛杉矶的小吃摊上一口气吃下了 18 个热狗。不健康的饮食习惯，导致了他晚年的肥胖以及最终的死亡。

（选自《作家文摘》第 2251 期）

老舍最悲伤的故事里也不缺好吃的

◎ 叶三

老舍的小说《离婚》写在 1933 年，北京还是北平的年代。主人公老李是个浪漫而懦弱的小知识分子，想离婚而未成。

有谚语说："到男人心里去的路通过胃。"《离婚》开篇第一场就是家宴。老李的朋友张大哥请他吃火锅。照张大哥的话说，卤虾油、韭菜花，买的都是全北京最好的。看这调料的描述，应该是传统铜锅火锅，清水姜片锅底，很考验食材新鲜度和调料。

接家眷之前，老李住在公务员单身公寓里，吃饭有人伺候：木须肉、鸡子儿炒饭和热茶、热毛巾。京城多太监，市民言语忌"鸡"也忌"蛋"。碎炒鸡蛋颜色金黄，近木樨花，所以炒鸡蛋称"木樨"。木须肉也许是木樨肉的音误。只用蛋清的菜又称"芙蓉"，如芙蓉鸡片。

总之，老婆孩子来之前，老李不用自己操心吃的。老婆孩子一来，半空的诗意跌到地上，满身油烟。搬进砖塔胡同张大哥给租下的房，还没开伙，老李得出门买吃买喝。老李缺乏生活经验，买回来的全是零食小吃：刚出炉的羊肉馅包子、炒花生米、海棠罐头。

到了衙门，因为"接家眷"被同事们勒索着大请客，老李提出请"同和居"。结果，请客当天换了小赵点名的华泰大餐馆。看书中描述华泰大餐馆应该是西餐——洋酒可以论杯要，吃牛扒用刀叉。西餐馆里出了丑，老李恨着同事们，瞧不起张大哥，心里怨的是自己和老婆，主要是老婆。

《离婚》里的北平是灰秃秃罩着风沙的，一年四季都牙碜。老舍写满街的小吃水果摊，写菜市场和东四牌楼，老李永远是旁观的状态，他心里批评着鄙视着，还是要带老婆去买围巾，给胖儿子带回去大香瓜，骂着自己"买线机器"而寻觅着蓝线，最大的愤怒是街上喝一碗豆浆，然后老老实实去上班。

为了商量营救张大哥的儿子张天真，老李跟被他视为废物的丁二爷喝过几次酒。张天真回了家，张大哥又摆了次家宴庆祝。墨绿的大西瓜，给女儿准备下白生生的鲜藕鲜核桃，为了省钱，不开两毛一瓶的汽水，改用碧螺春茶水，是市侩又油滑的张大哥重整河山的表演，也是《离婚》里传统北平家庭的最后挣扎。

《离婚》里最凄楚的一幕，是老李看见小马太太夜里买酪。这个场景设置得好，冬天，夜晚，"门外来了个卖酪的，长而曲转地吆喝了两声"，不然，一个独守空房的媳妇小马太太没有夜间出门的理由。小马太太开了街门，买了酪又回来，老李心里再怎么对自己喊，始终没敢上去说一句话。"屋内透出的烛光照清她手内的两个小白碗"，这是老李的白月光，脆弱可怜的一点诗意。

《离婚》的最后，谁也没离婚。老李的月光灭了，北平彻底成了一碗坏牛奶。他带着家眷回了乡下，抛下了北平。

（选自《作家文摘》第 2264 期）

美食原产地争夺战

◎ 卫奕奕

几年前，在《赫芬顿邮报》上，有一位博主撰写了一篇文章称："世界上第一个汉堡包肯定不出自你想象中的地方，汉堡包不是由美国发明的，更不起源于德国，世界上的第一个汉堡包其实来自中国，它的名字就叫 rou-jia-mo。"

争夺美食原产地是全世界人民都喜闻乐见的一件事，也是社交网络上的流量担当。

肉夹馍是啥时候发明的

在中国，肉夹馍一直被认为是一种陕西小吃，而在陕西各地也有多种肉夹馍，包括腊汁肉夹馍、宝鸡西府的肉臊子夹馍及潼关肉夹馍等。这其中，最出名的就是腊汁肉夹馍。

腊汁肉夹馍中的腊汁肉，是一种用大锅煮制的肉，要求煮制时锅中肉汤上有较厚一层油脂，以作保温留香作用，由于油脂较多，冷却后油脂净白如蜡、瘦肉也如蜡浸，故名腊汁肉。

腊汁肉的历史最早可追溯到《周礼》一书提到的"周代八珍"中的"渍"，"渍"就是腊汁肉。战国时代称为"寒肉"，当时位于秦、晋、豫三角地带的韩国已能制作；秦灭韩后，制作技艺传到今西安，并世代流传下来。

腊汁肉夹馍用的馍叫"白吉馍"，自古，在陕甘通衢要道设有驿站。因驿马全是白色因而得名白骥驿。明清时期，"白骥"逐渐转为"白吉"。当地群众都能制作白吉馍，并作为日常主食。

汉堡包的发明无从寻访

西班牙学者克拉西奥·塞尔德兰在著作中探寻了汉堡包的起源，指出 21 世纪初在埃及发现的一具木乃伊的陪葬品中有两个夹有肉卷的面饼，是大约 4000 年前烤制而成的。

在英文中汉堡包的单词是"Hamburger"，而德国汉堡市的单词是"Hamburg"，在一座城市的名字后边加"er"，无论从英语还是德语，都可以把"Hamburger"理解为"汉堡的、汉堡人或者汉堡人的"。

因为在 14 世纪，德国成为人们今天熟悉的汉堡包的诞生地。德国人用质量较差的肉加工制成了这种穷人的食品。汉堡包的名字源自于德国城市汉堡，当时人们称之为"汉堡肉饼"。

19 世纪，大量德国人移民美国，也把汉堡包这种吃法带到了美国。不过，美国人至今也不承认现在的汉堡包起源于德国，原因在于，德国人带去的"汉堡包"只是炸牛肉饼，并没有把它夹在面包之中。

2007 年初，得克萨斯州一位共和党议员提出一项议案，宣称汉堡包是于 19 世纪 80 年代在该州阿森斯发明的，并在阿森斯法院广场前出售，这段历史"证据确凿"；随后没几天，威斯康星州一位民主党议员发出了针锋相对的议案，称威斯康星州的西摩才是名副其实的"汉堡包之都"。

能达成基本共识的是，汉堡包的发明肯定是受到了三明治的启发。这种两块面包夹肉的食物，在西方普遍认为源自公元前的犹太食物。

关乎国家尊严

薯条在美国英语中被称为"French Fries"，意为"法国薯条"，然而比利时人却坚称薯条是自己发明的，比利时和法国还曾为此举办过一场辩论。

多年以来，韩国人一直坚称"寿司是起源于韩国的"。日本人可真不干了，于是日本学者开始查证，日本最早有记载的寿司出自于公元718年，而现代寿司则起源于江户时代。

2015年2月，一家意大利媒体表示，其实薯条炸鱼是意大利人发明的，文章还进行了考据，表示意大利人在1860年左右发明了这种做法，并且由威尼斯移民把它带到了英国并流行了起来。

说说也就罢了，但是意大利人已经把这个"起源说"编入了小学课本，作为意大利的代表食物之一，并且还要在罗马的中小学里，对14万学生供应薯条炸鱼。

美食是一个族群的重要特征，它跟一个民族或者国家的文化传统、伦理道德、价值信仰以及审美都会有重要的联系。被意大利人抢走薯条炸鱼的英国人大叫："这不是一个菜的问题，这是国家的尊严问题。"

（选自《作家文摘》第2266期）

作家们都爱"来一杯"

◎ 刘瀛璐

　　作家饮酒，尤为人津津乐道，许是因为写作是一件创造力极强的工作，酒精成为陪伴，既是寻找自我的"树洞"，亦是凸显才华的"出口"。

古龙与林清玄拼酒

　　曾有人和古龙赌酒，古龙将两瓶高粱酒倒进盆里，双手抓盆一饮而尽，一战成名。在他的饮酒哲学中，没有慢呷细品这一说，他说："浅斟细品最大的通病是废话太多，枝节太多，人物太多，情节也太多。"在自己构筑的武侠世界里，他写下了诸多千杯难觅的酒逢知己。在现实里，也确实有这么一位，就是林清玄。

　　林清玄早年在杂志社做编辑，常向古龙催稿。古龙就以酒要挟，"你不跟我喝酒，我就不写给你"。偏偏两人酒量又相当，喝得难解难分。在《不放逸的生活》里，林清玄描述了他和古龙在一起喝酒的日子：

　　　　有一回，光是我们两人对饮，一夜就喝掉6瓶XO，喝到眼睛不能对焦了，人在酒台一仰身就睡昏了过去。

后来古龙身体喝垮了，一年内吐血三次，得了肝病住院。就在古龙临终前最后一个星期，林清玄去探望，他写下了"陌上花发可以缓缓醉矣"。遗体告别式上，林清玄和朋友们买了48瓶XO为古龙组了最后一局。古龙曾写下《不是集》：

……人最大的悲哀，就是要去想一些他们不该去想的事。除了死之外，只有酒能让人忘记这些事。

喝酒"导师"海明威

海明威15岁开始喝酒，喜欢牢记各种酒名，"威士忌带我直抵宇宙的边界，朗姆酒温暖我胸膛，烂醉不省人事，失去的时间无法追溯，十分痛快"。

1928年，海明威第一次到古巴哈瓦那，是"五分钱小酒馆"的常客，必点的"双料"莫吉托，是他写作时的秘密调节。老城里的佛罗里达酒馆，"老爹"酒是他的最爱，这是一种由朗姆酒、葡萄汁和樱桃酒混合而成的饮料。

20世纪30年代末，海明威一天就能喝17杯威士忌加苏打水，晚上还要带着一瓶香槟上床。到了40年代中期，更有甚者，早餐时也不忘把杜松子酒倒进茶里一块喝。到了50年代，海明威依旧可以连干6杯烈酒，还发明了所谓的"墨西哥湾海流中的死亡"，即一大杯荷兰杜松子酒加橙汁。

他还是菲茨杰拉德喝酒的"导师"。两人初相识是在德朗布尔大街的丁戈酒吧，虽然两人都是囊中羞涩，但每天都会在小酒馆里相约，灌下一杯又一杯的威士忌。他告诉菲茨杰拉德"面对亲吻美女和打开一瓶威士忌的机会时，永远不要犹豫"。也教他直接对着酒瓶喝，这就好像"一个女孩子去游泳，但是没有穿泳衣"。海明威形容对瓶吹的菲茨杰拉德"异常兴奋，像是闯进了贫民窟去猎奇，激动不已"。

随着酗酒的严重，菲茨杰拉德的写作质量也直线下滑，相比之下，海明威更加克制，尽管也会喝大了在酒吧找人打架，甚至干脆下场斗牛，或者把情人照片扔进马桶、然后开枪连照片带马桶击碎，但他在写作时是清醒的。

文豪们的酒经

郁达夫说鲁迅：

> 他的量虽则并不大，但却老爱喝一点。主要是黄酒。但五加皮、白玫瑰他也喝，啤酒、白兰地他也喝。

又如丰子恺搬进重庆沙坪坝庙湾特五号"抗建式"小屋后，便爱上了"渝酒"，这是重庆人仿造的黄酒，全因黄酒不易醉，丰子恺觉得"吃酒图醉，放债图利"，容易醉人的酒不是好酒。能在晚酌中看儿女们升级、毕业、任职，此刻的一杯酒，少了激烈，多了温馨，流淌身体恰到好处的温热，便是"满眼儿孙身外事，闲将美酒对银灯"的追求。

周作人对中外酒都有心得：

黄酒便宜，市场可以买喝。白干未免太凶，喝了口腔内要起泡，山西汾酒与北京的莲花白可以喝少许，也总觉得不很和善。日本的清酒我颇喜欢，只是仿佛新酒模样，味道不很静定。蒲桃酒与橙皮酒都很可口，但我以为最好的还是勃阑地。我觉得西洋人不很能够了解茶的趣味，至于酒则很有功夫，绝不下于中国。

过于喧嚣的孤独

有时候，女作家的酒瘾也不容小觑。法国女作家杜拉斯是个实打实的酒鬼。她需要喝红酒入睡，夜里每两小时喝一次酒，早晨喝了咖啡后再喝一瓶干邑白兰地，才能开始写作。10 年酒龄反噬在杜拉斯的身上，她终于被诊断出肝硬化、吐血。然后戒酒，再复喝。《酗酒》中，她说"饮酒使孤独发出声响"，似是在解释这一切的原因。

在自我折磨中酒精是发泄对象，也是救命稻草。太宰治在《樱桃》里发牢骚：

> 本来不是很能写的小说家，而是个极端的胆小鬼，却被拉到公众面前，惊慌失措地写。写是痛苦的，求救于闷酒。闷酒是不能坚持自己所想，焦躁、懊恼地喝的酒。

福克纳就爱喝闷酒。完成《押沙龙！押沙龙！》后，福克纳自觉"一杯马蒂尼下肚，人也感觉大些、聪明些。两杯下肚，啊，就登上了顶峰，感觉在这个世界上数我最大、最高、最聪明了。三杯下肚，飘飘然，什么也抓不住我了"。酒精给了他灵感，也毁坏了他的人生。他喝劣等的威士忌酒，也在赌场喝清酒，为了挣钱，非法酿酒、走私酒，甚至被迫打工赚酒钱，抛弃长篇写短篇，终于死于一次醉酒后骑马。

在布拉格旧城区有 300 多年历史的"金虎"酒馆里，挂满了赫拉巴尔的照片，据说当年，他每天都会固定坐在厨房左侧的桌子前，捕捉来自酒馆各处的声音，并时不时地变成文字。1994 年，克林顿访问捷克，哈维尔把他带到金虎，引荐赫拉巴尔，三人把酒言欢。

（选自《作家文摘》第 2271 期）

陆游：被写诗耽误的美食家

◎ 李丹

说起大宋朝的美食家们，第一个想到的就是苏轼。东坡先生是饿了写诗，饱了也写诗。除了苏轼，宋朝能吃会吃的文人中，不得不提陆游。

既会烹饪，又爱烹饪，可以说，陆游是一位不亚于苏东坡的业余烹饪大师。作为文学史上诗作最丰的诗人之一，陆游身后留存的诗歌就达9000多首，其中，咏吟烹饪的诗有上百首。

陆游时常在家中亲自下厨招待亲友。一次，邻居来陆游家做客，他以花椒调白鹅之味，用豉汁调和野鸡羹，制作质地甘脆的笋，炒质嫩的蕨菜芽，对他来说全不在话下。一桌丰盛的佳宴，吃得宾客们"扪腹便便"，赞美不已。

《饭罢戏示邻曲》有记：

今日山翁自治厨，嘉肴不似出贫居。白鹅炙美加椒后，锦雉羹香下豉初。

烹饪，对于陆大厨来说，似乎是小事一桩。不仅时常发发菜谱，还会探讨调料。他用加有橙薤等香料拌和的酸酱烹制排骨，味美至极。《饭罢戏作》中这样写道：

东门买彘骨，醯酱点橙薤。蒸鸡最知名，美不数鱼鳖。

陆游长期在四川为官，对川菜兴味浓厚。唐安的薏米，就是他的偏爱之一。《冬夜与溥庵主说川食戏作》说：

> 唐安薏米白如玉，汉嘉栮脯美胜肉。

不仅是爱吃薏米这类健康的粗粮，陆游还是个实实在在的养生达人。他对饮食讲求"粗足"，多吃蔬菜，力求清淡。陆游的诗词中也多赞美素食，并以长斋蔬食自豪。

陆游尤其嗜食荠菜，对荠菜的做法很讲究，主张采来便煮，确保新鲜，不加盐酪，突出真味。他也十分注重饮食调理，认为吃粥可以强身益气，延年益寿，如《食粥》一诗：

> 世人个个学长年，不悟长年在眼前。我得宛丘平
> 易法，只将食粥致神仙。

烧烤不利于健康，陆游 800 多年前就得出结论了：

> 倩盼作妖狐未惨，肥甘藏毒鸩犹轻。

他认为，烧烤熬煎、脂油较多的食物，虽然吃起来最合口味，但不宜于肠胃消化，那些肥腻的食物吃多了就像在身体里贮存毒物一样。

（选自《作家文摘》第 2218 期）

最懂青梅的曹操

◎ 管弦

初夏时节，江南的梅雨还没有落，青青的梅挂满枝头，是为青梅。古往今来，最懂青梅的非三国时曹操莫属。

望梅止渴是曹公

青梅，也被称为曹公。北宋政治家、科学家沈括在《梦溪笔谈》中说："吴人多谓梅子为'曹公'，以其尝望梅止渴也。""望梅止渴"的故事被记录在《世说新语》中："魏武行役失汲道，军皆渴，乃令曰：'前有大梅林，饶子，甘酸可以解渴。'士卒闻之，口皆出水，乘此得及前源。"

当初夏的慵懒困倦昏昏袭来，性味酸平的青梅是提神的最佳选择，只是，青梅一般不宜单独或过多食用。古人常常把青梅加工成乌梅、白梅，因"久乃上霜"，白梅还叫盐梅、霜梅。

曹操对青梅情有独钟，与他的第三位夫人卞夫人有关。卞夫人在自己家乡的时候喜爱青梅，随曹操迁入河南许昌后，没有机会欣赏和品尝青梅了，忍不住长吁短叹。

曹操见状，忙派人从乡村移来许多梅树，种在相府附近的九曲河畔，形成一片梅林。曹操还用耐腐、耐湿的梅木，在梅林里建造了一间小亭，亲笔书写匾额"青梅亭"。

曹操对出身倡家、曾以歌舞伎为生的卞夫人如此用心，除了被她的容貌和技艺吸引，还感动于她的有谋有识。当年，曹操刺杀董卓未遂，有人传出曹操已死的谣言，曹家上下大乱，很多旧部准备离去，是卞夫人站出来说："曹君吉凶未可知。今日还家，明日若在，何面目复相见也？正使祸至，共死何苦！"她的真情留住了旧部，为曹操保存了力量。

青梅煮酒论英雄

刘备未成气候时，在许昌被尊为皇叔，曹操邀刘备共饮，就青梅，饮煮酒，谈论天下英雄。不过，曹操并不是把青梅与酒同煮，而是用青梅作为下酒的小吃。古人在喝酒之前喜欢将酒煮一下，酒通常被叫煮酒或温酒。青梅是佐酒之物。《三国演义》第 21 回中描述得很清楚："随至小亭，已设樽俎：盘置青梅，一樽煮酒。"当然，后来也有把青梅和酒一起煮制、泡制、加工，但那就叫作"青梅酒"了。

古代的酒，因为酿造工艺等方面的原因，常常略显混浊，故古人享一樽浊酒时，喜欢选择一些清新的下酒之物。青梅煮酒，成为了古代一种例行的节令性饮宴活动。

曹操在青梅园的青梅亭中，对刘备说了那句豪气冲天的话："今天下英雄，惟使君与操耳！"青梅煮酒，几乎是天下英雄和风雅之士都热爱的场面。

（选自《作家文摘》第 2240 期）

见证维也纳皇室兴衰的甜品

如果奥地利以矫揉造作及对纳粹无可奈何的态度驰名天下的话，那么首都维也纳哈布斯堡皇室的衰败也同样闻名遐迩。这样一座城市，最大的特点无疑是它的辉煌历史，当然还少不了优美的音乐和闻名遐迩的甜品。

维也纳许多甜品的食谱都传自皇室家族成员，例如巧克力杏子酱渐次层叠的萨赫蛋糕；里面裹满牛轧糖的 punschkrapferl 蛋糕；由涂满蛋白霜的海绵蛋糕而演变的四角蛋糕；还有那奶油薄皮苹果卷以及当头浇满 maroni 奶油的圆华夫饼干；烈酒奶油浇灌的 Esterházy 蛋糕让人垂涎；以姜汁提味，形如穿丘的rehrücken 蛋糕如一块"肥美鹿肉"般诱人。

维也纳的咖啡店里，这些甜点琳琅满目，而走遍维也纳的大街小巷，基本每家咖啡店前面都会排着长龙。这些咖啡店幽暗静谧，穹顶高耸，家私圆润，简直可以化身为食客们的又一起居室。

奥地利著名小说家、戏剧家托马斯·伯恩哈德在《Wittgenstein's Nephew》一书中写道："维也纳咖啡店总是让我感觉'宾至如归'，甚至比在家还要惬意。"

那些最古老、最恢宏的咖啡店成了文化机构，其暗色木质装潢深得人心。如霍夫堡宫殿一带的店面可回溯到1786年，它们"龙血凤髓的宫廷甜点烘焙"这一名头历久弥新，在王朝衰亡之后还屹立不倒。有史为证，这家店铺为伊丽莎白公主，也就是众所周知的茜茜公主特制了紫罗兰蜜饯，让她为果汁冰糕伴食。从多家糕饼店的食谱都能看出，伊丽莎白公主极其钟爱糖果糕饼和冰淇淋。

朗特曼咖啡馆的中庭四面镶嵌了玻璃，透过玻璃可以看到市政厅和大剧院，当年弗洛伊德和作曲家古斯塔夫·马勒等大家时常惠顾，如今也成了店家津津乐道的金字招牌。

维也纳因其过气的帝国主义也常被人们称为"断梗浮萍"，不仅妙趣横生，还透着些光怪陆离之感。它的珍馐佳点和玉盏金樽如今飞入寻常百姓家。

奥匈帝国崩溃于上一世纪，但其深远影响依然留存至今。这里的甜点也是如此，用数百年前的古法炮制，气焰凌人，外形美轮美奂，口感甘厚醇浓，裹挟着难以承受之重，但最终，却让人无法抗拒。

（选自《作家文摘》第 2125 期）

莎士比亚的餐桌

◎ 颜渔家

餐桌上的人生态度

莎士比亚不仅为我们描绘了文艺复兴时期英国的食物蓝图，也表现了当时英国人的人生态度。

哈姆雷特在母亲的婚礼上抱怨"葬礼上的烤肉尚有余温就被端上了婚礼的宴席"的时候，他是责备母亲，在父亲尸骨未寒时就又结婚了。

这里的葬礼烤肉并不仅仅是葬礼中剩下来的残羹冷炙，其实葬礼烤肉是一种曾经很流行的食物，英语的棺材（coffin）一词，不仅是指安葬尸体的容器，还指保存肉类的容器。那些可食用的"棺材"是由糕点皮制成的，起到密封的作用，让其内的食物能保存得更久。

麦克白夫人提供的饮料非常讲究：为了给谋杀国王扫清道路，她用有毒的蛋奶酒夺走了马车夫的性命。这种蛋奶酒是文艺复兴时期餐桌上半食半饮的必需品。

所以说，要真正理解莎士比亚的饮食文化，我们需要揣摩西方食品史，甚至得研究一两本文艺复兴时期的食谱。

贵族最爱雪利酒

对文艺复兴时期餐桌的研究，可以帮助我们更多地了解莎士比亚的戏剧，比如说，莎翁笔下的人物选择了哪一种酒，同时也就告诉了读者和观众他是哪样的人。

在伊丽莎白时代，昂贵的雪利酒是非常流行的，莎翁这位吟游诗人笔下最著名的酒鬼福斯塔夫最爱雪利酒，他曾发誓永世不沾酒。然而后来的场景中，他高呼如果他有一千个儿子，他所要教授的首要原则就是，戒绝那些单薄无味的酒，并终生效力于雪利酒。

而麦芽酒则低一阶层，相对来说味道淡，酒精含量低。在莎士比亚时代，麦芽酒和啤酒十分流行，尤其在城镇。在《驯悍记》中，贵族们开玩笑，把烂醉如泥的补锅匠斯赖从冰冷的街道抬到房子的床上。并且骗斯赖说他是贵族，在其醒来的时候，准备了白葡萄酒、黑葡萄酒、蜜饯果子，出身低微的斯赖却大喊一声，看在上帝的面上，来一壶淡麦酒！

在莎士比亚的巅峰时期（16世纪后期），啤酒是温暖、深色、混浊的。那时酒通常以浓烈程度进行分类。小啤酒酒性软弱，把酿酒的剩余物用开水洗净、稀释，经第二次发酵酿制而成。《亨利六世》中成衣匠杰克·凯德带着"穿着皮围裙的人"（工匠）造反，承诺"要让喝小啤酒成为重罪"。

在《亨利四世》中哈尔亲王在乔装打扮混迹街头的时候，在"野猪头酒馆"时喝过小啤酒。在剧中的关键时刻，哈尔亲王坦陈他想喝一口小啤酒，却遭到了朋友波因斯的阻挠："一个王子不应该这样自习下流，想起这种淡而无味的贱物。"

在莎翁的时代，某种特定的肉类与某人的"心情"、职业乃至于国籍相关联。例如，培根就被视为只适合让工人和体力劳动者吃，因为培根很难消化，重体力劳动可以促进消化。而鸡肉则更受人们喜爱，有些人还把它当作最适合给患者吃的食物。在莎士比亚时期，阉鸡是一种更奢侈的肉——阉鸡是约翰·福斯塔夫爵士最爱吃的肉，《维洛那二绅士》中朗斯的狗从餐桌上偷过一条阉鸡腿。牛肉使人愚昧，莎士比亚曾两度提及这一点——《第十二夜》中，安德鲁·艾古契克说："有时我觉得我跟一般基督徒和普通人一样笨；我是个吃牛肉的老饕，我相信那对于我的聪慧很有妨害。"

餐桌产生戏剧冲突

很难找到一部在餐桌上没有产生冲突的莎士比亚戏剧。

在《驯悍记》中，彼特鲁乔想驯服任性的凯瑟丽娜，所以他在婚礼和招待会之间把她偷走，最后让她在没有饭吃的饥饿中屈服。在《皆大欢喜》中奥兰多在森林盛宴发力，为最后的婚姻埋下伏笔。在《雅典的泰门》中，泰门特设了一桌非同寻常的白开水"宴席"，待旧日的朋友来"赴宴"时，他把大碗的温水泼在这群狼心狗肺者的脸上，咒骂他们泯灭了人性的良知，然后，用碗碟将他们打跑。

在莎士比亚的时代，一个人吃什么，在很大程度上是由他所处的阶级决定。地主士绅，甚至是富有的商人都可以通过节日的宴会，炫耀自己的财富，当时盛宴的主角是蜜饯和由坚果包裹的糖果。在《温莎的风流娘儿们》中福斯塔夫呼唤天上掉下"用来清新口气的小甜点 kissing comfits"。在莎士比亚的时代，宴会的主角不是各色饮食，而是甜点。或者说是精心制作的糖果和甜品雕塑。那些条件允许的富豪，会在豪宅之外，建造单独的宴会厅来招待客人。

（选自《作家文摘》第 2129 期）

山西人为什么特别爱吃醋

说到山西，有个无法越过的代名词，那就是"爱吃醋"。汪曾祺有一段描绘：

> 山西人真能吃醋！几个山西人在北京下饭馆，坐定之后，还没有点菜，先把醋瓶子拿过来，每人喝了三调羹醋。邻座的客人直瞪眼。

醋的历史

早在先秦古籍中，酸醋称为"酢"（zuò）或"醯"（xī）。《说文解字》记载"醯，酸也"。西周史籍《周礼》有关于酸醋的最早记载"醯人掌醯物"以及"醯人，奄二人、女醯二十人、奚四十人"，醯人的人员设置已经和负责食盐的"盐人"一致，可见在西周时期醋在宫廷中已经开始流行，而且地位颇重。

但那时候的酸醋还仅在宫廷贵族中慢慢地流行，尚未在民间传开，直到一次考古发现颠覆了人们对制醋工艺认知。

1972 年，考古工作者在甘肃新城戈壁滩上发掘了一批魏晋壁画墓，展现了边塞百姓的生活场景。新城墓出土的壁画中最著名的莫过于中国邮政的形象大使《驿使图》，但是在它不远处有一幅另类壁画吸引着考古专家眼球。画面上有一长条案子，案上放三个陶罐，案下有两个盆，陶罐上有流孔，有液体从罐中流出，注于案下的盆中，陪葬品中也都出现了相应的实物罐器。

这具体是什么工艺，起初学者没有头绪，直到在《齐民要术》中他们找到答案。北朝贾思勰在这本书中详细记载着23种最早的制醋工艺记载。其中"秫米、曲作酢法"与"秫米酢法"都有"接取清，别瓮贮之"的描述，这里的"接"是挹出液体的意思，和壁画描绘的场景一致。同时，图中的滤醋方法至今在偏远地区仍在使用，基本可以断定这幅壁画是最早出土的制醋工艺壁画，并命名为《滤醋图》。

一方水土一方醋

不过即使同为醋，各地的醋还有很多不一样，在工艺、做法、使用方法和口味上大相径庭。

比如山西人爱吃的老陈醋就和南方的镇江香醋截然不同。后者黑色略浅并且呈透明状，和酱油放在一起就能看到明显不同。而老陈醋色泽黑紫，不透明，和酱油无异，不去闻闻是无法区别的。

口味也有很大差异，老陈醋如北方汉子一样直爽粗犷，它的酸味醇厚浓烈直冲味蕾，山东老醋海蜇、酸辣海参这些北方菜都爱用老陈醋增色提酸。镇江的香醋却是香、鲜、甜，酸味缓缓在口中回味，加配苏浙淮扬菜系杭帮西湖醋鱼、本帮糖醋小排，就再默契不过。

两者之所以存在差异，根本原因就是原料的不同。四大名醋东南西北各镇一方，但从分类看可以分为两类，山西老陈醋和四川保宁醋原料以杂粮为主，如高粱、麸皮、小麦等。而镇江香醋和永春老醋，是以糯米为原料。山西和镇江所处的不同的地理位置，必然导致了不同的地产原料。

酸碱平衡

山西不是平白无故嗜醋的。山西的面食有花样多、原料杂两大特点。由于山西盛产各种小杂粮，从面食的花样看，有长条的刀削，短条的揪片，圆圆的栲栳，扁扁的面鱼；从面食的原料看，饸饹是豌豆拉的，顿顿是莜面做的，猫耳是荞麦揉的，窝窝是玉米捏的。他们在山西统称为"面"，但在山西连续一周顿顿吃面，却可以保证没有一顿重复的面。

而在不断发明新式面食时，为了更好地完善口感，食用碱越来越多地运用到面食的制作中。有了碱的参与，面条会更加劲道，更好地做成不同花样满足人的口感。

但是吃多了碱面口感太涩，这时候加以老陈醋的混合，口味才能中和。

从地形上看，山西地处太行、太岳两座大山的腹地，水土多呈碱性，用山西话讲就是"水土硬"。而醋的酸性正好能中和碱性，维持人体内的酸碱平衡，多吃点醋有益于身体健康。再者，山西气候干燥，而醋有着生津润肺的效用，多吃醋可以有效缓解干燥气候的侵害。

（选自《作家文摘》第 2159 期　R.R 文）

资深"吃货"大仲马

◎ 曹亚瑟

大仲马是个高产作家，他身后留有数百部著作，包括《基督山伯爵》《三个火枪手》《黑郁金香》等大家耳熟能详的作品。但让人意想不到的是，在他的遗作中，竟留下一本内容驳杂、引述宏富的《大仲马美食词典》!

好客者

大仲马素以喜欢请客、为人慷慨著称，尤其是他以小说《基督山伯爵》暴得大名后，整个巴黎为之疯狂，也使他彻底告别了贫困，从此每年能挣上 20 万法郎，跻身靠文学致富的财主之列。

1843 年，踌躇满志的他在从布吉瓦尔通往圣日耳曼的大道旁，买了一块林木葱茏的土地，在这里盖起了一座三层高的"基督山城堡"。1848 年 7 月 25 日，大仲马在新居举行了一次有 600 人参加的大型宴会，到处悬挂着帕伊特里侯爵的名言——"风煽起了火! 上帝照亮灵魂!"草坪上布满了各式美食，他拥抱着美人、品尝着各色甜点，感受到从未有过的幸福。从此，很多潦倒的艺术家、作家都成了"基督山城堡"的座上客，他专门雇人烹饪供他们吃喝。大仲马不得不把左手伸给客人，用右手不停地写作，到吃饭时再与客人们一同进餐。

有时候，大仲马也会亲自动手，为客人们做一道拿手好菜。

乔治·桑在一则日记里记录过大仲马亲自操勺：

> 约上马夏尔，六点半跟若内尔夫妇一起吃饭。这顿饭是大仲马亲手做的，从汤到色拉，总共十来道菜，全都可口无比……

后来，1848年革命的爆发使得大仲马收入主要来源的剧院变得空无一人，这对他是一种毁灭性打击。但他慷慨好客的本性仍未改变，于是他举债消费，进而债台高筑。不久，"基督山城堡"只得被法院拍卖。大仲马也因此被世人评为"写作使其富有，耽吃使其贫困"。

厨艺家

此后，虽然大仲马随着创作时而富裕时而贫困，但热爱美食和美女的天性一直陪伴着他。《大仲马美食词典》里的许多条目，大都是经过他亲自实践的。一次，大仲马与一帮朋友到海上捕鱼，一位厨娘在小火上熬了八个小时的浓汤，本来她是主厨，因为厨艺太差，被大仲马取而代之。他开列了——

> 主菜：番茄小虾浓汤，美国风味龙虾，诺曼底酱鲽鱼，青鱼蘸麦特里调味汁，香槟白葡萄酒炒牛腰；
> 烤炸：吊烧鸡两只，油炸章鱼；
> 小食：普罗旺斯烩番茄，牛腰汁煮蛋花，糖渍

芦笋尖，西班牙莴苣心，水果以及四种葡萄酒、两种
饮品。

别人都觉得这份菜单需要三个小时才能烹调完成，而大仲
马只用了一个半小时就创造了奇迹。菜肴上桌后，大家竟吃了
四个小时，仍意犹未尽！这顿饭，让大仲马的厨艺美名广传。

大仲马认为天鹅虽然非常优雅，"而从烹饪学的角度看，
天鹅特别是野天鹅，之所以拥有如此高的地位，皆因其肉比
任何蹼足动物的肉都更细嫩鲜美"。连诗人笔下会唱歌的精
灵——云雀，在饕餮之徒眼中也成了上好的美味，熏着烤着吃
最可口，他引用美食家德·雷尼尔的话说：

云雀肉馅饼是最精美的小食，行家品起来才深知
其回味悠长，酥皮妙不可言，配料无与伦比。

食评家

大仲马笔下还有很多名人与吃有关的八卦轶闻。比如说欧
洲流行吃火鸡，但著名诗人、文艺批评家布瓦洛还是孩子的时
候，就因为家中养有火鸡，布瓦洛不慎摔倒露出红色的内衣，
被火鸡扑上去一阵猛啄，使他的某个部位遭受重伤，因此布瓦
洛再也没能成为一名色情诗人，而转以攻讦女人为乐；作家维
克多·雨果爱吃榛子，儿时因爬树摘榛子，差点儿没跌下山沟
摔死；法国诗人缪塞就因为嗜喝苦艾酒，因而自己的诗里也带
有浓浓的苦味；法国国王路易十四的御医对付久病不治的顽症

采取的办法是，让病人多吃杏仁肉冻。

关于争议很大的吃狗肉问题，他引用希波克拉底的话说：

> 希腊人吃狗肉，而罗马人只在最奢华的筵席才上狗肉；普罗旺斯人喜欢吃大蒜，几乎所有浓汤和调料里都会放大蒜，而罗马诗人贺拉斯在抵达罗马的第一天吃了大蒜烧羊头，造成消化不良，从此对大蒜没了兴趣。

这些有趣的记载，你不觉得只有真正的"吃货"才会津津乐道么？

所以，晚年的大仲马尽管财产与健康尽失，但他活得更潇洒，以吃遍巴黎的大小餐馆为乐，每到一处，便写下品尝心得，这为他以后写作《大仲马美食词典》积累了很多素材。当时的各大名厨纷纷以结交大仲马为荣，大仲马也因此成为法国最早、也是最负盛名的食评家。

（选自《作家文摘》第 2164 期）

名侦探的食谱

侦探都爱威士忌

如果美国推理小说作家劳伦斯·布洛克愿意把他的马修·斯卡德系列拍成电影，毋庸置疑，最好的植入广告一定是威士忌。第一次在《父之罪》中登场，马修就给出了一种豪放的威士忌喝法：

> 我喝了口咖啡，我喝的咖啡里掺了波本。

双份波本和大杯黑咖啡，是马修日常生活中最重要的道具。发表于 1976 年的《在死亡之中》，布洛克总结过这两种道具平衡侦探生活的重要性：

> 咖啡使一切速度加快，波本则使一切速度减慢。

作为全球最大的威士忌消费市场，据说每个美国人每年要喝掉 16 瓶威士忌，其中绝大部分是波本。为什么是波本？《酒店关门之后》无疑是探讨这种酒最深入的一次：

> 绅士到这种酒吧里，就是想放浪一下。苏格兰威

士忌适合那些穿西装、打领带的家伙跟幼儿园的小朋友。波本是那些想释放兽性、想偶尔调皮一下的大男孩喝的。

波本威士忌并非布洛克的私人嗜好，事实上，几乎所有硬汉派名侦探面前总摆着一杯威士忌。被称为"冷硬派"第一侦探的菲利普·马洛，就是这样一个大酒鬼。

马洛活跃在上世纪 30—50 年代的纽约，城市游侠一般的形象是此后诸多私家侦探们争相模仿的榜样。他年约 40 岁，身高六英尺（约 185 厘米），当上私家侦探前是洛杉矶地检处的一名调查员。他平时喜欢研究西洋棋，常在没有客户时一个人下棋。作者雷蒙德·钱德勒自评："他是英雄，他是一切完美的总和。"除此之外，马洛"一身都是烟头烧的洞，永远宿醉难醒"。

马洛的酒量看起来比马修要高多了，在《长眠不醒》中，他豪迈地"从车里拿出盛黑麦威士忌的酒瓶，把剩下的半瓶酒顺着嗓子倒进去"。其实钱德勒同样是个威士忌爱好者，据他所说：

> 一个男人，每年至少要酩酊大醉两次。这是个原则。

另一位"硬汉派"侦探小说推理作家乔纳森·拉蒂默，塑造了一个席卷世界的古典私家侦探比尔·科伦，此人同样嗜酒如命，科伦喝马丁尼、巴卡地鸡尾酒、啤酒，以及绝对不可缺席的威士忌。他的粉丝们这样总结：

> 比尔·科伦案中的每个角色都喝酒，但没有人喝
> 得比他多。

都有自己的食谱

阿加莎·克里斯蒂的侦探全有自己的食谱。头脑里面有许多个"小小的灰色细胞"的大侦探波洛喜欢享用奶油蛋卷和热可可，喜欢针织和园艺、行动迟缓但思维敏捷的老太太马普尔喜欢喝红茶。二位还都喜欢吃凝块奶油。法国作家安娜·玛提奈蒂从阿加莎的小说中挖掘出了多样的食谱，尤其挑选出那些特别适合隐藏毒品的美味。她认为上好的黑巧克力是隐藏毒药苦味最好的载体。

在法语侦探小说方面贡献最大的则是比利时作家乔治·西姆农，他笔下的梅格雷探长像西姆农一样烟不离手。他喜欢喝酒，经常上午10点钟就进了酒吧，还喜欢吃，身材很胖。

梅格雷和他的妻子是在聚会上通过蛋糕相识的，梅格雷夫人把丈夫当作蹒跚学步的婴儿一样照顾着，为他精心烹制佳肴，如果他中午去破案错过了有鹅肝的午饭，那肯定会有龙蒿鸡肉的晚饭等着他。在《梅格雷与无头尸》中，梅格雷探长不得不告别太太为他烹制的白汁炖肉，去圣马丁运河对一具尸体展开调查。

没有案子的时候，福尔摩斯也会享受美食，尤其享受早餐，很多故事的开头都是大侦探坐在早餐桌前，面前是抛光的

银质咖啡壶，"一边倒着咖啡一边笑着"，贝克街221b的女管家哈德森太太为福尔摩斯和华生准备了丰盛的早餐：腰子、鱼蛋烩饭、火腿鸡蛋，甚至还有咖喱鸡。

虽然享受美食但福尔摩斯绝非老饕。因为职业使然，规律的一日三餐与福尔摩斯无缘，时常吃些冷牛肉配上一杯啤酒，或者听装罐头加桃子。像所有的工作狂一样，他最常吃的是三明治。

福尔摩斯对伦敦街头兜售的食品也不陌生，他的调查要求他和这座世界上最国际化的城市里的三教九流打成一片。当时的街头摊贩贩卖咖啡、柠檬水、姜汁酒、烤山芋、热的豌豆粥、三明治、夹肉派、水果馅饼等。

在办完一桩令人头痛的案件之后，福尔摩斯最热衷于去著名的辛普森滨河餐厅享受一顿丰盛的晚餐。《临终的侦探》《显贵的主顾》对此都有提及，那里以伦敦最好的烤牛肉和约克郡布丁闻名。

偶尔，福尔摩斯还会亲自下厨，在《四签名》中，他邀请苏格兰场的阿萨尔尼·琼斯一起吃晚餐，"能够在半小时之内准备好，我准备了生蚝和一对松鸡，还有些特选的白葡萄酒。华生，你不知道，我还是个治家的能手呢"。

（选自《作家文摘》第2050期 库索 栗月静文）

慈禧老佛爷的下午茶

◎ 刘树蕙

《御香缥缈录》中这样记述："皇太后的一生，可说是为'吃'而生存的……"实际上，老佛爷不仅爱吃，也很讲究吃。

一个女人如果缺少爱，就一定会从其他方面找补。咸丰之于她，不是没有爱，而是不敢爱，总在提防她的智慧和冷静，死前留给皇后一道密旨："唯朕实不能深信其人，此后如能安分守法已。否则汝可出此诏，命廷臣传遗命除之。"

31岁就早早离开人世的咸丰留下的这道密旨，实在让人寒心。慈禧却是到死都戴着咸丰送她的珍珠耳钉，从25岁就守寡，一生没忘了咸丰。

在此后将近50年孤独的岁月里，慈禧最大的爱好就是吃。吃西瓜，她只吃西瓜中间那一口，光是一天给她准备的西瓜就要350个。除此之外，就拿早餐的膳单来说："火锅二品"——羊肉炖豆腐、炉鸭炖白菜；"福寿万年"大碗菜四品——燕窝"福"字锅烧鸭子、燕窝"寿"字白鸭丝、燕窝"万"字红白鸭子、燕窝"年"字什锦攒丝；中碗菜四品——燕窝肥鸭丝、熘鲜虾、三鲜鸽蛋、烩鸭腰；碟菜六品——燕窝炒熏鸡丝、肉片炒翅子、口蘑炒鸡片、熘野鸭丸子、果子酱、碎熘鸡；片盘二品——挂炉鸭子、挂炉猪；饽饽四品——百寿桃、五福捧寿桃、寿意白糖油糕、寿意苜蓿糕；燕窝鸭条汤；鸡丝面……品种之多，数不胜数。

她有这样的资本来宠爱自己，只是三餐是不够的，名媛贵妇怎么少得了吃下午茶。到了下午三四点，慈禧坐在储秀宫日常休息的条山炕上，就开始琢磨着想吃点什么填补自己的空虚了。

清宫宫女回忆说，秋冬天吃泡在蜂蜜里的果脯。夏天的时候，每天午觉醒来，都会照例给慈禧呈上甜碗子，酸酸甜甜开胃又消暑，可以说是慈禧下午茶的明星产品。

慈禧对于下午茶有着自己的少女心。她特地让人做了特别好看的红漆描金桃式攒盒、画珐琅缠枝莲八宝纹攒盒、淡黄地粉彩花卉纹攒盒，以及充满喜庆色彩的龙凤纹圆盒，供养自己的那些零碎甜点。

乾隆因为爱上豆汁儿而特别召人进宫制作，慈禧更甚，宫外但凡有点什么好吃的，宫里就流行起来。豌豆黄、芸豆卷、小窝头本来都是宫外贫民吃的东西，到了宫内，摇身一变就成了慈禧极具个人特色的下午茶。

（选自《作家文摘》第 2186 期）

爱美食的音乐大师们

◎ ［法］米歇尔·波尔图　娜塔莉·克拉夫特　田晶 译

嘴馋的莫扎特

莫扎特很小的时候就被祖父列奥波德·莫扎特引入宫廷献艺，并被介绍给了全欧洲的音乐界名流。他的足迹遍布欧洲大陆，所到国家的不同食物有时令他欣喜陶醉，有时也让他反感厌恶。

在巴黎，他很爱慢慢品尝皇家宫殿拱廊下那家咖啡馆里的冰淇淋，还喜欢一种名叫"乐趣"的夹心饼干。然而，他和他的父母一样，憎恶法国食物。

莫扎特最喜爱的莫过于萨尔茨堡菜，这是他童年的食物。其中，他最爱的一道菜是故乡的特色菜——"土豆鸡肝肉丸"。住在维也纳时，他请求自己的家人和朋友给他邮寄萨尔茨堡的美食。

莫扎特"胃口特别好"，而且不时会"胃里有了点儿空气"——他就是这样描述自己肚子空了的状况的。"我饿了"，他在给姐姐的信中经常这样写。歌剧《唐·乔万尼》里那个刚偷吃完山鸡就鼓着双腮放声歌唱的仆人雷波雷诺，会不会就是莫扎特本人呢？

在萨尔茨堡，莫扎特一家和海顿一样，都是圣彼得餐厅的常客。据说这是欧洲最古老的餐厅之一。

"美食控"贝多芬

　　"拥有一颗纯洁的心才能做出一碗好汤",这实在是对贝多芬整个人生的精华概括。汤是贝多芬无比看重的菜肴,而他钟爱的无非是用"一点香芹、芹菜和胡萝卜"制成的清淡菜汤。

　　贝多芬居住在维也纳的 35 年时间里,咖啡馆和小酒店就是他的第二个家。他常在那里会友,并与他们共进晚餐。耳聋后,为了和人沟通,他准备了一个对话本,在上面记下日常生活中各种事物。其中自然也包括他在餐厅里疯狂热衷的生蚝,以及喜爱有加的淡水鱼。

　　"我乐于与人这种动物的吃食为伴,来创造精神和抽象。"这样的陪伴者,贝多芬几乎每天都能在维也纳的小酒店里找到。他在这些地方一边与朋友们聊天、喝酒和吃饭,一边咒骂劣质的食物和"天鹅餐厅无耻老板"定的过高的价格。

　　在自己家里吃饭时,他总是试图吃得很好。然而,他却被誉为"极其糟糕的厨师",因炮制出难以下咽的饭菜,尤其是令人无法饮用的"贝多芬式咖啡"而闻名。"您一点儿都不懂烹饪艺术,先生。"《欢乐颂》的两位女歌者受邀在贝多芬家用餐后这样对他说。第二天,她们就都生病了。

　　重要的日子里,摆在贝多芬家餐桌上的会是青鳕鱼配煮土豆——他最喜爱的菜肴之一,还要配上帕尔玛干酪通心粉。但对贝多芬来说,最重要的还是生蚝。他曾在对话本上写道:

　　生蚝甚至能唱出一首卡农曲。

贝多芬仿佛永远在寻觅一位完美的厨娘，有时，贝多芬也十分尖酸刻薄。他会一丝不苟地给厨娘写下购物清单，并注明一本菜谱的参考书目。他会吩咐"不要剥掉土豆皮"，还会亲自敲碎鸡蛋检查鸡蛋是否新鲜。虽然贝多芬在居家生活中擅长指摘责难，其实却并不挑三拣四：他什么都吃。

贝多芬是伴着一杯热巧克力的香味向海顿求教学习音乐的。年迈的海顿和年轻的贝多芬，一边讨论作曲上的对位法，一边啜饮着适合给孩童做午后甜品的香醇饮品。

1827 年，贝多芬生命中的最后一年，他对好酒的渴求变得异常强烈，他惧怕掺假的酒会使他的病情进一步恶化。

他的最后一封书信是寄给帕斯加拉第男爵的，日期是 1827 年 3 月：

> 我该如何感激您赠予的如此卓越的香槟呢；它已让我恢复元气，还将令我元气大增！

当月的 26 日，贝多芬悄然离世。

罗西尼渴望成为肉店老板

> 我寻找着音乐动机，脑中浮现的却只有肉酱、松露和其他类似的东西。

这是一句解释：37 岁时，罗西尼停止创作，就因为一个"吃"字。这种解释十有八九是正确的。"大师和我的生活就是为了吃，我们带着宗教般的神圣感履行这个使命。"他的妻子奥琳普曾这样说过。在 20 年间创作了 40 多部杰出歌剧的天才音乐家罗西尼，在人生的最后 40 年里，只创作了少量宗教题材的作品和一些短曲。而且是一面创作，一面大快朵颐。

罗西尼对松露充满热爱，盛赞为"蘑菇中的莫扎特"；鹅肝则是他另一个美食癖好。他设想用这两种食材烹制意大利通心粉，并最终设计出了食谱。

当《红与黑》的作者司汤达遇到罗西尼时，这位音乐大师只有 29 岁。司汤达描述他"身材肥硕""食量大如三个食人魔"，并且"每天能吞下 20 份牛排"。那时他已经变成《阿尔及尔的意大利女郎》这出歌剧里的"沉默的食客"。

罗西尼的饕餮大罪似乎情有可原：他苦于自己的职业理想受阻。"我以前想成为肉店老板，但不能如愿。"他最终成为了一名作曲家。为了向命运复仇，他尽自己所能将音乐引向美食，甚至以松露作为标准来评价莫扎特的歌剧《唐璜》：

　　对于《唐璜》，我找不到比松露更好的类比了。

罗西尼"口之所及"尽是全欧洲最顶级的餐厅：银塔餐厅、金屋餐厅、英国咖啡馆、卢卡斯餐厅……无论是侍酒师、餐厅主管，还是主厨，他都认识，还要跟每个人握过手之后才入席就餐。

罗西尼被一些知名的大厨视为跟自己平起平坐的人物，他的名字在他还活着的时候就已经进入了格里莫·德拉·瑞尼尔编著的《美食年鉴》，从而在美食史上名垂千古。

和贝多芬一样，罗西尼也非常爱吃生蚝。他总说：

> 没有生蚝的午餐，就像一顿没有通心粉的饭，或
> 是没有月亮的夜晚。

在米兰创作《偷东西的喜鹊》时，他欠下一位生蚝商巨额的债务，以至于根本偿还不清。幸而这位商人是罗西尼的崇拜者，他向音乐家提议为他撰写的一首诗谱曲，以此抵债。

当罗西尼步入迟暮之年时，音乐重新来敲打他的大门。于是，这位音乐大师的作品表上就又飞入了《四季小萝卜》《欧洲鳗鱼》《浪漫肉馅》《浪豌豆》等钢琴小品。它们都汇集在他晚年谱写的《老朽的罪孽》中。当然，在"开胃小点"之间，也有伟大的作品，比如《小庄严弥撒曲》——罗西尼将其创作成两部分，就是为了能在中场休息时吃晚餐。罗西尼自始至终都忠于自己。他说：

> 人类的激情，就像一个管弦乐团，而胃就是这个
> 管弦乐团的总指挥，遏制它或刺激它……吃与爱，歌
> 唱与消化：这就是"人生"这部趣歌剧的四幕，它会
> 像香槟的泡沫一般转瞬即逝。任它消失而不去品尝的
> 人，只能说是个疯子。

（选自《作家文摘》第 2081 期）

钱锺书："不好茶酒而好鱼肉"

◎ 庞惊涛

"吃货"钱锺书的境界

钱锺书在《槐聚诗存》中自我解嘲说"不好茶酒而好鱼肉"，并坦承自己"居然食相偏宜肉"；在另一首长序四言诗里，他不惜引经据典，申说作为一个"吃货"的最高境界：有面包一方，羊一肩，酒一瓯，更得美姝偕焉，即处荒烟蔓草而南面王不与易也。

杨绛在生活中的证明，更能说明钱锺书的"吃货"基因实在是其来有自：

> 锺书是爱吃的……我家那时的阿姨不擅做菜。锺书和我常带了女儿出去吃馆子，在城里一处处吃……上随便什么馆子，他总能点到好菜。他能选择。选择是一项特殊的本领，一眼看到全部，又从中选出最好的。他和女儿在这方面都擅长。

这倒让人想起钱杨二人留英时一次为"吃"而搬家的轶事：钱锺书和杨绛在英国留学时，受不了房东的粗劣饮食而搬了家，两人计划自己开伙，绝不搭灶。迁居后的第一个早晨，钱锺书亲自做了奶茶和烤面包端到杨绛床前，让杨绛大为意外进而惊喜感动。

作为一个"吃货"，钱锺书首先要为人的饮食之好找到历史的"理论依据"，并批判和嘲笑那些附加在饮食本能之上的虚妄之说。

他说"惟食忘忧"，固然是从俗谚中来，但显然准备好了为这一谚助威加火的历史铺陈。他借张问陶"切身经济是加餐"一句，说明它洞达世情，所以"有待之身，口腹犹累"；他借李渔之口，说：长吁短叹、不言不语都做得来，那不茶不饭四个字却有些难；他举《红楼梦》"凡歇落处，每用吃饭"这句话，说明饮食"大道存焉"，乃生命所须，饮食之欲更大于男女之欲；他引但丁名句"饥饿之力胜于悲痛"，质疑那些因为悲痛或者忧愁而不思饭食的虚妄之说。

为传统饮食寻根溯源

钱锺书爬梳故旧，在《管锥编》中反复述论饮食之道，为一些传统饮食寻根溯源、发秘探幽。

"（唐）新进士重樱桃宴。"虽只寥寥数字，但细加考察，则不难通过一道饮食发现别具特色的唐代进士宴文化。新科进士借助宴会抒发登科及第的喜悦之情，并答谢座主，联络同年，结交权贵，构建私人社交圈，乳酪和樱桃借此完成一次完美的结合。作为游牧民族的主食，乳酪显然有很浓厚的北方基因，进入内地民族后，成为饮料和各种食品的制作辅材，这个方法一直延续到今天。糖酪和樱桃，一个胡食，一个汉果，这样的搭配，绝非偶然，背后自有其民族大融合的政治属性。

更为有趣的是，钱锺书还饶有兴致地考证时人怎样吃这道美食的。宋徽宗《南歌子》："更将乳酪拌樱桃，要共那人一递一匙抄。"不知道宋徽宗这首词是不是在五国城回忆当皇帝时的神仙日子写的，乳酪拌樱桃在其时其境遇下，充满了强烈的家国之思，那一递一匙抄，真有一唱三叹的悲婉。又《广记》卷二八五《鼎师》："即令以银甖荐一斗，鼎师以匙抄之。"从两个"抄"字，钱锺书总结说：北宋上承唐风，而南宋全从北俗矣。"抄"，谓以匕、杓之类盛取，像极了今人吃甜点。

美食和皇权结合，更能使咸鱼翻身。陈宣帝偏嗜乌贼，遂使乌贼自南朝而后成为珍馐异味。钱锺书所据是陈宣帝的《敕禁海际捕鱼沪业》这道敕书："智禅师请禁海际捕渔沪业，此江苦无乌贼珍味，宜依所请，永为福地。"如果海际产乌贼，想来陈宣帝是希望捕采供食的。

考证面食之来历和演变，也是钱锺书一功。他通过考证庾阐《恶饼赋》和傅玄《七谟》诸文，证明今天的面食，正是魏晋之后所称汤煮或油炸的"猫耳朵"、油酥的"牛舌饼"等，是当时"豚耳狗舌"之类的形象称谓。正如饺子原名"角子"，孟元老《东京梦华录·州桥夜市》所云"水晶角儿""煎角子"，《聊斋志异》卷八《司文郎》亦云"水角"，取其像兽角，犹粽子一名"角黍"也。

爬梳饮食之道理

所谓饮食之道中，又隐藏着怎样的"道理"或者"道术"呢？借由钱锺书的爬梳，不难懂理一二。

饮食的政治之道。上述唐皇赏赐樱桃、陈宣帝赏赐乌贼，都算饮食作为政治手腕的一个例证。在《吃饭》这篇杂文里，钱锺书劈刀入骨，直击饮食的政治本相：《吕氏春秋·本味篇》记伊尹以至味说汤那一大段，把最伟大的统治哲学讲成惹人垂涎的食谱。这个观念渗透了中国古代的政治意识，所以自从《尚书·顾命》起，做宰相总比为"和羹调鼎"，老子也说"治国如烹小鲜"。

饮食的为人之道。施一饭招恩，吝一饭招怨。这样的例子，历史上并不鲜见。典型的要数中山君。《战国策·中山策》记中山君宴请都城里的士人，大夫司马子期也在其中。在分羊羹的时候，中山君不知是有意还是无心，没有分给司马子期。司马子期一怒之下跑到楚国去了，还游说楚王派兵攻打中山国。于是，楚攻中山，中山君逃亡，有两个人提着武器跟在他身后扈从。后来中山君感慨道：施与不在多少，在于正当人家困难的时候；仇怨不在深浅，在于是否伤了人家的心。我因为一杯羊羹亡国，却也因为一口饭食得到了两个勇士。

饮食的哲学之道。对美食美器的看法，钱锺书将其上升到哲学高度。昭明太子《七契》、曹植《七启》、张协《七命》皆说食而兼说食器，举凡"商王之箸、帝辛之杯"，无不在适口充肠之余而复寓目赏心。或说美食美器相得益彰，或说美器能掩盖粗食之不足。

饮食的学问之道。钱锺书以为，学问著述之事比蜜蜂采花酿蜜，似始于张璠《易集解序》中的"蜜蜂以兼采为味"这一句。在一个有着博雅食趣的"吃货"看来，蜜蜂的广采群芳，适可以成就独特的蜜味，以"吃货"比蜜蜂，可算雅正。蜜蜂采花酿蜜以比学问著述，则可算饮食的又一贡献。

现在，我们似乎可以说，钱锺书确乎是一个高水平、高等级的"吃货"了。

（选自《作家文摘》第 2051 期）

与切·格瓦拉相伴的美食

◎ 李从嘉

切·格瓦拉这位享誉全球的红色偶像，沿着"舌尖上的美洲"之旅，一步步走完自己短暂却又光彩夺目的人生。

马黛茶的阶层差别

在南美大陆，马黛茶有着"阿根廷国宝"的美称。它的魅力源自于马黛茶树，也就是巴拉圭冬青。阿根廷人经常摘下它的叶子，放到小葫芦里泡上 90 度左右的开水，然后用一根吸管吸着喝，这便是阿根廷人无论贫富都喜爱的一种饮料，甚至被誉为"绿色的黄金"。

格瓦拉出生在阿根廷的罗萨里奥市，他的父亲靠着格瓦拉老妈的嫁妆，前前后后买下了 200 公顷的马黛茶庄园，为家族带来了源源不断的财富。

格瓦拉从小钟爱的马黛茶是俗称的甜马黛茶，具体调制方式就是在喝马黛茶时加上糖、蜂蜜、橙子等水果，制作工艺相当考究，价格也较为昂贵。后来，格瓦拉在游历阿根廷北部时，发现当地的印第安人喝的是普通的纯马黛茶，也就是没有任何调料、最便宜的苦马黛茶。阶层的差别就这样通过马黛茶展现在格瓦拉眼前。

1951 年 12 月 29 日，格瓦拉和少年时代的伙伴阿尔贝托骑上摩托车，喝着马黛茶开始自己的拉美大陆之行。

皮斯科酒中的灵感

离开祖国之前，格瓦拉最大的收获恐怕就是学会了烹调著名的阿根廷烤肉。囊中羞涩的时候，他不得不用给烤肉师傅打下手的方式换取自己的一日三餐。

在流浪旅途中，格瓦拉越来越同情底层人民——尤其是在秘鲁境内，在伊基托斯的圣保罗麻风病院，他照顾了大量的麻风病人，并了解到缺乏食物是当地麻风病盛行的主要原因之一。1952 年 6 月 14 日，麻风病院的全体病人和医生为格瓦拉举行了 24 岁的生日派对，为他献上了秘鲁的特产——皮斯科酒。

这是一种蒸馏的葡萄酒，是秘鲁的国酒。和白兰地不同的是，皮斯科酒的酿造要多一道葡萄去皮的工序，完全靠葡萄汁发酵。皮斯科酒可以单喝，也可以混合可乐、可可等饮料饮用，格瓦拉认为这种酒的味道类似于杜松子酒。凭借着皮斯科酒的酒力，格瓦拉第一次发表了自己的政治理想：改变美洲大陆的政治格局，实现玻利瓦尔和圣马丁的理想！

受香蕉影响的革命道路

旅行中风餐露宿是常有的事情，格瓦拉走了很多路，也品尝了南美各国底层百姓的食物。在厄瓜多尔的瓜亚基尔港，他不得不天天以香蕉为主食。香蕉是中美洲国家很多平民的主食，也是美国联合果品公司的主打商品，这个跨国公司把中美洲各国当成了自己的香蕉园，在中美洲占有了 300 多万英亩的土地，在自己的香蕉园中拥有司法等权力，为了保住自己的特权不惜发动战争。

在 1953 年年底到 1954 年夏天，格瓦拉流浪到"香蕉共和国"危地马拉，见证了土改带给这个国家的变化，也见证了美国资本的疯狂报复。改变美洲国家对美国资本的依赖、投身拉美革命，这成了格瓦拉在第二次拉美之行后的主要念头。

亲自烤肉招待卡斯特罗

在拉美游历期间，格瓦拉和拉美各国左翼人士有了接触，还认识了古巴革命分子。在墨西哥，他和卡斯特罗有了历史性见面。1955 年 8 月 18 日，在离墨西哥城 40 公里的郊区，格瓦拉与妻子举行了婚礼，卡斯特罗成了最尊贵的客人。结婚仪式结束后，格瓦拉展示了自己的厨艺，做了阿根廷风味的烤肉招待卡斯特罗。

到了 1955 年的圣诞节，卡斯特罗邀请格瓦拉一起过圣诞节。他的妻子记下了这一餐的菜谱：烤猪肉、古巴传统的黑豆饭（用黑豆、辣椒、洋葱、熏肉、橄榄油等制成的米饭）、传统的果仁糖、苹果、葡萄，甚至还有一瓶酒。这对于一向不讲究吃喝和排场的卡斯特罗来说，已经是很丰厚的大餐。

罐头是革命者的关键口粮

1956 年 12 月 2 日，格瓦拉、卡斯特罗等 82 名战士登上古巴的土地，却遭到了政府军的围剿，不得不分散前往马埃斯特腊山。在行军途中，革命者们最豪华的晚餐就是海滩边上的螃蟹，由于不能生火，大家只能生吞活剥螃蟹肉。除了生螃蟹、草根、生玉米，任何一种他们认识的野生植物都不放过。但水却成了最大的问题，格瓦拉想出了新的点子，用自己的哮喘器械从岩礁中汲水。

在古巴革命战争中，格瓦拉和士兵们分享一样的食物，他也爱上了香醇的古巴雪茄，在战斗间隙吸一口雪茄成了他放松的最好方式。古巴革命胜利后，格瓦拉热衷在全世界输出革命。在他的游击著作中，罐头成了游击战口粮。

紧接着，格瓦拉在玻利维亚进行了最后一次冒险，在玻利维亚的山区，他带着自己的队伍以罐头和打猎为生。最终在1967年10月7日被玻利维亚军队包围。由于长时间没有正常食物的补充，格瓦拉不但哮喘复发，还染上了痢疾。10月8日，格瓦拉在战斗中不幸被俘，第二天在敌人的枪口前壮烈牺牲。

（选自《作家文摘》第 2200 期）

老北京的名人与美食

◎ 黄强

作为六朝古都的北京，历来是文人雅士聚集之处，他们觥筹交错，推杯换盏，在千百年的历史上，留下了数不清的风雅故事。

梁实秋张恨水钟情烤肉

出生在北京的梁实秋，特别爱美食。重要的是，他不仅善品，而且能写，最为读者熟悉的便是《雅舍谈吃》。

梁实秋喜欢吃羊肉，但是家里不让羊肉进门，解馋只能上餐馆。当时北京的烤羊肉以前门肉市正阳楼最为出名。

正阳楼烤羊肉在院子里，4 张八仙桌，桌子旁是 4 把条凳。烤肉的支架就架在八仙桌上，直径约 2 尺，羊肉挂在支架上，点起下面的松树枝子，就开烤了。经过松树枝烧烤的羊肉，散发出羊肉的焦香和松树的清香，很诱人。食客们就围在八仙桌旁，边烤边聊。

正阳楼的烤羊肉，让梁实秋吃得满嘴流油，大快朵颐。若干年后，他在山东青岛任教时，还时常怀念正阳楼的烤羊肉，每次想起时，他都会馋涎欲滴。

著名作家张恨水也非常喜欢烤肉。他在《说北京》的文章中，也提到过老北京秋日的特色美食：松柴烤肉。他对此道美味感触颇深："现在街头上橙黄橘绿，菊花摊子四处摆着，尝过这异味的人，就会对北平悠然神往。"

在张恨水看来，松柴烤肉才是真正的北方风味。吃这道美食，不仅要尝其味，还要领略其中的意境。这道菜太流行，以至于大饭馆也有，小餐馆也有。

尽管价格或者味道不太一样，但是配置基本都是一样：一个高 3 尺的圆炉灶，上面罩着一个铁棍罩子，老北京人管它叫甑，然后将二三尺长的松树柴，塞到甑底下去。卖肉的人，将牛羊肉切成像牛皮纸那么薄，巴掌那么大，再用碟儿盛着，放在柜台或摊板上。当风吹过时，松火柴在炉灶上吐着红焰，还散发出缭绕的青烟，青烟随着风吹散，闻到这股香味的人，就会忍不住循香而来："掌柜的，来两碟！"

食客夹起碟子里的肉，蘸点调料，送到铁甑的火焰上去烤，再放上葱白，于是肉香味、葱香味、酱香味、松烟香味，融合一处，铁烙罩上吱吱作响，筷子越翻越香。张恨水对这道美食非常迷恋，常常换着花样吃。

大教授发明特色美食

王府井大街的安福楼，前身是承华园。当其鼎盛时，许多文人常去那里，其中就有胡适。他曾在这里发明了一道菜，用鲤鱼肉切成丁，加一些三鲜细丁，稀汁清鱼成羹，后来"胡适之鱼"成为安福楼的一道名菜。

在很多关于老北京美食的记载中，都会提到一道汤：马先生汤。它是以现代知名学者马叙伦先生命名的汤，是由马叙伦在中山公园长美轩茶馆烹制出来的。

马叙伦是长美轩茶馆的常客，有一次，在长美轩请客，他说要自己动手做汤，于是选择了三白（雪里蕻、竹笋、豆腐）为原料，上灶台亲自烹饪。此汤以三白为原料，因此称之为"三白汤"。

客人品尝后，觉得口味极佳，长美轩也因是马叙伦亲自烹制，故打出"马先生汤"为旗号，招揽食客。此汤原料虽然很普通，但是马叙伦对原料的挑选非常严格，豆腐最好选择杭州的天竺豆腐，上海、无锡的豆腐，都属于中等食材；竹笋也以杭州的为上品；最为重要的是雪里蕻，以上海产的为上。

作家许地山也创造了一道美食。当时，燕京大学东门外有常三小馆，是燕大师生常去的饭店。1927 年许地山在燕京大学文学院任教，是常三小馆的常客，而常三小馆招牌菜品叫"许地山饼"，来小馆就餐，"许地山饼"非点不可。

这种面饼本名叫"印度饼"，是许地山留学英国牛津大学曼斯菲尔学院研究宗教史、印度哲学、梵文期间学来的。在燕京大学任教时，许地山因与常三小馆掌柜关系很好，于是就传授了制作印度饼的方法，就餐的燕大师生都知道是许地山传授的，就称之为"许地山饼"，"印度饼"之名反而不为人知。

（选自《作家文摘》第 2095 期）

蒋经国家的罗宋汤

◎ 周惠民

蒋经国与蒋方良育有子女四人，刚到台湾时，还到外面吃饭，当蒋经国官越做越大，生活就越来越谨饬。原本蒋方良还找些牌搭子搓麻将，后来连这个嗜好都放弃了，也鲜少外食，自己在家张罗。蒋方良经常做些俄国菜，除了高丽菜卷之外，波许汤也是少不了的家常菜。

波许汤是东欧的家常菜，波许原是斯拉夫语对独活草的称呼，独活草在中国作为药用，但这种野草在东欧草原甚多，当地人干脆摘回家，煮成波许汤，后来改用甜菜根制作，但还称为波许汤。甜菜根成深色红，制作波许汤时，有人先将甜菜发酵，有人则使用新鲜甜菜，但要搁柠檬汁，整道汤成酸甜的红色稠粥状。除了甜菜之外，还可以加入各种蔬菜如马铃薯、胡萝卜、洋葱、西红柿等。这属于一般平民饮食，如果有钱人家，自然可以加上鱼、羊、牛或猪肉，特显身份。

饭店制作波许汤时，先将骨头熬汤，放入甜菜、胡萝卜等蔬菜炖煮，不但可趁热吃，夏季时也可以放凉吃冷汤。上菜时，除了用鲜奶油、洋芹菜装饰，还有个套路：得搭配小耳朵或是小面包。小耳朵类似饺子，用绞肉、菌子拌馅，包成饺子，因形似耳朵而得名；小面包倒是普遍，或甜或咸，搭配波许汤，一准饱人。

上海是个最早开发的国际城市，从 19 世纪中期起，就住了许多洋人。因人口渐增，不仅大兴土木，出现教堂、学校、会馆等西式建筑之外，也开始有人叫卖番菜。番菜馆除了抚慰异乡游子的乡愁之外，也吸引许多国人来体验洋人吃饭时要拿刀动叉的风情。

番菜馆供应的菜色五花八门。除了德、法菜色之外，还有犹太及俄国食堂，除了供应面包，也搭售一些简餐，波许汤便很常见。因为波许有弹舌音，说得正确可不容易，许多人干脆以罗宋汤称之。

1920年，几位流亡上海的俄罗斯人曾在霞飞路（今淮海中路）开设"明星咖啡馆"，贩卖咖啡、简餐与甜点，门庭若市。1949年以后，因时局紧张，明星咖啡馆的几位股东也收拾行装，跨海来到台北。当时，台北火车站附近已经形成一个相当成熟的商业中心，明星的几位股东盘下一间市中心的店面，又挂起明星咖啡馆，经营俄罗斯餐饮，贩卖甜点、简餐与咖啡，生意仍是不错。蒋经国听说这里有一家俄国馆子，便与蒋方良到此用餐，买些家乡口味，偶尔在此进餐，而罗宋汤是必然出现在餐桌上的一道汤品。当然这种罗宋汤，倒是与国人熟悉的罗宋汤有些不同。

（选自《作家文摘》第 2069 期）

翁同龢与龙井虾仁

◎ 吴正格

　　龙井虾仁被传承为名馔，与发明者翁同龢的身世、资望和学问都密迩相关。翁出身显宦世家，他本人为咸丰状元，光绪帝师傅，历任刑部、工部、户部尚书，并曾两入军机。据民国时期的《实报》载：素有"南官之家"之誉的广和居，以精湛的江南乡菜揽客，"名公钜卿、词人骚客，争相会集，门庭若市。而尤著者，如潘伯寅尚书，翁叔平相国……时时雅集于居中"。翁叔平即翁同龢，潘伯寅为咸丰二年的殿试榜眼，后被赠为太子太傅。因为他俩是广和居的常客，为南官主顾中的"尤著者"，故而使广和居名声鹊起。又因为广和居的馔品基本是南官主顾们将自家的私房菜传授，使此店遂成宦友共享的乐趣风气，如潘炳年太守的潘鱼，韩心畲侍郎的韩肘，江韵涛太守的江豆腐等。翁同龢发明龙井虾仁，也是这期间为入店随俗而入其列的。翁的家乡常熟在江苏南部龙井产茶区，境内还有富产鱼虾而闻名的昆承湖；他发明此馔与其久居北京为官而生长出张翰那般"莼鲈之思"的情结有关。

　　那时候，江南人早已惯说"喝茶"为"吃茶"；茶不止能喝，其叶也可吃。龙井茶驰名北方，与乾隆南巡时赞扬此茶之美，使其成为贡品的行为很有关系。四五月间上市的龙井新茶，形状扁削光滑，色泽翠绿，香气清馨，滋味甘鲜清口，并含有新鲜橄榄的回味。泡在杯中，清澈透底，一"旗"一

"枪"，亭亭玉立。喝上一杯，遂觉目明心清。所以，用这种茶汁做虾仁，并有如雀舌一样的茶片做配料，令人不能不推服翁同龢的聪颖和智巧。

再说虾仁。从习惯的意念上说，还是江南水乡的青虾为人赏识。江浙之境，江河湖泊如网，盛产鱼虾。过了冬眠入春，虾便开始游动，虽无夏季肥大，但此时虾肉最为挺实而脆滑，亦有嚼劲。因体积尚小，故谓虾仁。虾仁的加工，江南人最为擅长。现吃现剥，但谓"剥"也不准确，而是挤，这样可不损坏虾仁表面的那层黏膜，以保持其滑嫩的口感。

高阳曾说龙井虾仁是"由西湖龙井茶炒虾仁"，大意是对的，但不止用茶叶，还用茶汁；也不是炒，而是滑烹。先将上浆的虾仁用油滑熟，再用茶叶汁烹之而成，故谓滑烹法。而且必须是用该法才能将此馔做得清雅明莹、鲜嫩滑爽。

翁同龢后来因为支持康有为变法，为慈禧忌恨，戊戌政变后遂遭革职，永不叙用。他于宣统元年后期又被诏复原官，仍常去广和居。但他未曾料到，龙井虾仁已经悄悄融入浙菜谱系。因为龙井茶的故乡毕竟是在杭州，钱塘江亦盛产青虾，杭州厨师做起来最是得心应手；搛一箸龙井虾仁入口，舌尖也已抵在了苏堤春晓。

（选自《作家文摘》第 2024 期）

宋朝小吃影响人类生活

◎ 吴钧

1998 年，美国《生活杂志》曾评选出千年来影响人类生活最深远的 100 件大事，宋朝的饭馆与小吃入选第 56 位。

在中国饮食史上，两宋是一个历史性的转折期，中国人的食物开始从匮乏向丰盛过渡。摆脱了饥饿威胁的人们有了更闲适的时间、更从容的心思来琢磨饮食，研究烹饪之道，发明各种美食，以满足舌尖上的享受。今天任何一名厨师必须熟悉的烹、烧、烤、炒、爆、熘、煮、炖、卤、蒸、腊、蜜、葱拔等烹饪技术，正是在宋朝成熟起来的；现在我们能够品尝到的火腿、东坡肉、涮火锅、刺身（宋人称为"脍"）、油条、汤圆、爆米花、各式糕点等美食与小吃，也是发明或流行于宋代。

人生和胃的充实

湖北黄州，在 11 世纪还是一个"蛮荒之地"。"一肚子不合时宜"的苏轼在这里度过了他一生中的第一个低潮期，因为"乌台诗案"，他被贬到黄州当团练副使，一个低微而没有多少实权的闲职。但这位乐天派的诗人决心从平淡的生活找出人生的乐趣。品尝一次美食，显然可以让黯淡的世俗生活焕发出舒心的光彩。

红烧肉，中国人食谱上最常见的一道菜式，以味醇汁浓、肥而不腻、入口香糯而让吃货们食指大动。今天的人们相信，这种成功地将猪肉中的油腻转化为醇厚美食的烹饪技术，正是苏轼在黄州发明的，人们将这道美食命名为"东坡肉"。东坡，是黄州的一块撂荒旧营地，苏轼在这里开荒耕种，亲近自然，自号"东坡居士"。

宋朝的黄州人，尚不知道经过神奇的烹调，一块普通的猪肉在火与酒的复杂作用下，可以发出诱人的美味。"黄州好猪肉，价贱如粪土，富者不肯吃，贫者不解煮。"在生性嗜好猪肉的美食家苏轼看来，这无异于暴殄天物。

东坡肉的做法，说来并不复杂：将肥瘦相间的猪肉切成一寸许的方块，加入酒、酱油腌渍，装进陶钵，再加少许水，在炭炉上细火慢炖。经过文火长时间的煮炖，肥肉中的饱和脂肪酸将减少一半，胆固醇将减少一半，火的洗礼不但让食物更美味，也更健康。对东坡肉的制作来说，火候很重要。

苏轼用一首《食猪肉诗》来说明烹制东坡肉的关键：

慢着火，少着水，火候足时他自美。每日起来打一碗，饱得自家君莫管。

在黄州寂寞的岁月里，每天一碗红烧肉，将诗人的"一肚子不合时宜"替换成"一肚子美味"，人生和胃都获得了充实。

中国人对饮食的天才性发明

南宋人林洪是宋朝的另一位美食家，他自称是"梅妻鹤子"的北宋隐士林和靖七世孙，但与和靖先生寡淡的生活方式不同，林洪热衷于舌尖上的探险，曾流连于山野寻访美味的食材。《山家清供》是林洪记录美食的著作，书中收录了各种以山野所产野菜、蕈菌、水果、动物为原料的食物，并介绍了这些山家美食的用料与烹制方法。

在人与自然和谐相处的时代，丰富的山珍野味是大自然给予人类的慷慨馈赠。林洪曾经在冬季的武夷山内，捕获一只肥美的野兔，但山中没有厨师，林洪不知以什么烹饪方式来处理大自然的这份馈赠。一位老食客告诉他一种方法：用筷子夹着切成薄片的野兔肉，在热气蒸腾的汤水中一撩拨，马上变出云霞一般的色泽，再蘸上"酒酱椒料"制成的调味汁水，入口一咬，一种更鲜美泼辣的味道立即便激活了味蕾。

林洪将这种烹饪方式命名为"拨霞供"。随后"拨霞供"从山野间传入市井，人们从中得到创造美食的灵感，将"涮"字诀广泛应用于餐桌之上，不独兔肉，其他肉片与菜蔬均可一涮而熟，蘸酱食之。

林洪还在他的《山家清供》记录了豆芽的制法。宋人的菜谱中，黄豆、绿豆、豌豆、芽蚕、赤豆均可发成豆芽食用。

在人类的饮食史上，中国人曾经以天才的烹饪技术，从单调的豆类食材中开发出变化莫测的美食，从豆浆到豆腐，从腐乳到腐竹，大豆中富含的植物性蛋白质，通过一系列物理性与化学性的反应，变成各种形态与不同口感的美味。豆芽是中国人对饮食的另一种天才性发明。一粒晒干的豆子，几乎不含维生素 C，但它发芽之后，豆中的淀粉就会水解成葡萄糖，并合成维生素 C。

维生素 C 是人体中的必需元素，人体如果缺乏维生素 C，极容易发生坏血病。西方的大航海时期，曾长期被坏血病困扰，无数水手死于坏血病。然而中国的海商与水手，长年累月出没风波里，却很少得坏血病，后来人们发现，原来中国人带着绿豆出海，随时都可以将豆子发成豆芽，从而得以补充到充足的维生素 C。

是舌尖享受，更是生活态度

面粉制成的食物，宋人习惯称之为"饼"；烤制而成的叫"烧饼"；水煮而成的叫"汤饼"，即今人熟悉的面条；蒸熟的叫"蒸饼"，今天我们称为馒头、包子。宋朝的面食点心花样繁多，面条类有腌生软羊面、桐皮面、盐煎面、鸡丝面、插肉面、三鲜面、蝴蝶面、笋拨肉面、子料浇虾燥面……；馒头、包子类有羊肉馒头、笋肉馒头、鱼肉馒头、蟹肉馒头、糖肉馒头、裹蒸馒头、菠菜果子馒头、杂色煎花馒头……；烧饼类有千层饼、月饼、炙焦金花饼、乳饼、菜饼、胡饼、牡丹饼、芙蓉饼、熟肉饼、菊花饼、梅花饼、糖饼……

油条，一种利用油炸的高温将面团迅速膨化的小吃，相传产生于南宋。它的诞生，跟宋人对一个奸臣的痛恨情绪有关。秦桧是南宋的主和派宰相，以"莫须有"的罪名杀害抗金名将岳飞，宋人以一种特殊的烹饪方式对此表达义愤：用两根面条捏在一块，象征秦桧与其夫人王氏，再放入滚油中炸，借此解恨。所以油条又称"油炸桧"。从庖丁解牛，到油炸桧，饮食之于中国人，从来就富含情感，蕴藏着人们对于人生的顿悟、对于人间的爱憎。

汤圆，这种用糯米包裹上糖馅煮熟的甜点，也是发明于宋朝，南宋词人姜白石有一首诗写道：

> 元宵争看采莲船，宝马香车拾坠钿。风雨夜深人散尽，孤灯犹唤卖汤圆。

宋人用吃汤圆的方式，含蓄地寄托情思，期待与亲人团圆相聚。如今人们在过元宵节时，还会煮几颗汤圆吃，延续着习俗包含的美好祝愿。

对中国人来说，饮食是口腹之欲，是舌尖享受，更是生活态度。处于人生低谷，却能陶醉于做一道叫红烧肉的菜，这是苏轼的生活态度。流连于山野雪地，只为寻找美味与烹饪的秘密，这是林洪的生活态度。

以历史的眼光来看，就如一个人每一天都需要从食物中摄取热量，以维持人体的新陈代谢，饮食也提供了历史推进的驱动力。

（选自《作家文摘》第 2005 期）

馋嘴太后的"特供"羊肉

◎ 崔岱远

过去，烧羊肉可不是一般人家能做的，因为它做起来实在麻烦，必须是整块的羊肉下锅，煮四五个小时才成。

上等烧羊肉看上去色泽酱红，吃起来皮酥肉嫩，味厚醇香。讲究吃肥瘦相间的，最好能有些筋头巴脑，那才能吃出味儿来。它的大致做法是这样：选用不老不嫩，有肥有瘦的羊肉，最好是用前腿和腰窝，配上丁香、砂仁、白芷、甘草、陈皮、口蘑、冰糖、酱油、黄酱等数十种纯正的小料，在大铁锅里经过吊汤、紧压、码放等工序之后把肉煮得酥烂。肉炖好后捞出来凉着，凉透了再下到温油里炸到酱红色，切成大片儿装盘儿，撒上芝麻盐，就可以大快朵颐了。

早年间，烧羊肉是一道脍炙人口的美味。夏日的午后，各家各户总会有人带个碗或瓶子，到羊肉铺去买烧羊肉回家。这碗和瓶子可不是装肉的，肉是切成块儿装在荷叶里包着的。之所以带上碗和瓶子，为的是装一些做烧羊肉的卤汤，回家就可以做过水烧羊肉面了。

烧羊肉汤拌过水凉面堪称绝配，所用的面条没有什么不同，之所以能自立名号，全靠着烧羊肉的卤汤。别看这汤是煮肉时的副产品，但却是用多种原辅料经过长时间炮制、萃取，渗透了羊肉的精华和多种调料的馨香，比单独为吃面而做的卤或氽儿自然是醇厚许多了。

烧羊肉面是北京大众化的美食，但好这口儿的可不仅是平民百姓。那位馋嘴的慈禧太后也是烧羊肉面的粉丝。慈禧为了让月盛斋的人进宫送烧羊肉方便，还特意发给了四块腰牌。每到夏天，太后老佛爷坐着龙船沿长河去颐和园避暑，最惬意的事情就是在船上吃上一碗用月盛斋的烧羊肉做的利利落落的过水凉面。

（选自《作家文摘》第 2009 期）

吃在王府

◎ 溥仕

　　清朝的王府、贝勒府全在紫禁城周围，亲王、郡王、贝勒、贝子们经常奉旨被召入宫，他们非常熟悉宫中名目繁多的筵宴，这些王公贵胄的饮食习惯和膳食要求，自然受到影响。

　　《论语》中有记录圣人孔子有关"吃"的话："食不厌精，脍不厌细"（粮食不嫌舂得精，鱼和肉不嫌切得细）；"不得其酱不食"（没有适当的调味品和佐料不吃）；"不时不食"（不合时令的食物不吃或理解为不到吃饭的时间不吃）。回顾王府膳食，不但受到宫廷御膳的影响，而且基本遵循先哲的教诲。

　　就从秋季说起吧。晚清豫王府茶房所做点心名冠京城，每年中秋节前王爷（清太祖十五子多铎后人）必把自家做的自来红、自来白、翻毛、酥皮及上供后由全家分而食之的大月饼送给亲朋好友，其馅多沿袭传统。豫王府的小糖葫芦，还有应节的奶油栗子面，当年东安市场和撷英西餐馆把这两样"偷艺"学去而流传民间。重阳节将至，花糕是各府必备食品。除了登高赏菊外，菊花火锅很有特色，汤味鲜美咸淡可口。我的父亲载涛（人称"涛贝勒"）曾于1950年把老哥哥、我的伯父载沣请到家中，一起品尝自己亲自准备的菊花锅。

　　过了重阳，天气渐凉，府中常常吃"烫饭"。满族自古有以猪肉祭天祭祖然后分食的习俗，又不会精烹细调，就把肉、米饭放在肉汤里食用，吃法十分简单粗犷。入关后这种极普通

166

的满族大众饭食"升级改版",北方冬寒,"烫饭"驱寒保暖,很受各府欢迎。

除夕,年夜饭后全府男女老幼一定要聚在一起包煮饽饽(饺子),除了肉馅,还要特别做素馅,或老倭瓜或胡萝卜辅以排叉香菜等。辞岁时上供用素馅饺子。据熟知清史的恽宝惠先生讲,这种风俗也出自宫廷。

说到王府中哪家饭菜最不好吃,借用溥杰一句话,"醇亲王府里的饭菜中看不中吃"。以至福晋、格格、阿哥们纷纷成立各自的小厨房。伯父载沣为人谦和,对饮食不很讲究,据金毓嶂回忆,其祖父与众不同之处是不吃葱姜蒜,府中厨房做菜不准用葱姜蒜炝锅。

可是我父亲却相反。涛贝勒对饮食饶有兴味,在府中,事无巨细,他事必躬亲,买菜算账要一分不差,下厨亲自指挥做菜,有时还掌勺做些与众不同的膳食。如醋卤,就别有风味。如酸茄汤,不但御寒而且开胃。府中也有白肉锅子。满族来自东北,东北人喜食酸菜,隆冬时节烧一火锅,涮以猪肉,可多吃解馋而不腻,又可以慰思乡之情。皇宫中也有白肉锅子,不过更加精致。李国荣主编的《档案揭秘》中,列出道光八年正月初一的皇帝早膳有:浇汤煮饽饽、羊肉丝酸菜锅子、熘鸭腰、鸭丁炒豆腐、鸡蛋炒肉。看来无论宫内、府中,严寒冬季都离不开火锅。

春天来临,鲜嫩的榆钱可做饽饽、糕饼,君臣百姓大同小异。当玫瑰、藤萝盛开时,采摘花瓣,蜜糖拌之,加入桂花为馅,烤制成玫瑰饼、藤萝饼。涛贝勒还用鲜嫩菠菜蘸裹干白面,上锅蒸熟,拌以炸酱食之,爽口而富营养,似与民食相类。

我父亲少年时在宫中被赏吃饭，记忆犹深的一道菜是慈禧太后最爱吃的西瓜盅。内放什么佐料涛贝勒说不清，只记得无比鲜美可口，1924年以后，家境每况愈下，他因陋就简，独创了西瓜盅的仿品——西瓜肉。暑天食之不油不腻，既有瓜香又有肉香，全家人都很爱吃，亲朋好友闻之也来捧场大快朵颐。

夏令食谱中还少不了"包饭"。涛贝勒亲自在一大海碗或小锅中将米饭与酱肉丁、熏肚丁、碎摊鸡蛋、炒豇豆丁、炒黄瓜丁等搅拌均匀，然后让全家人同时动手，把拌好的饭包在白菜（或生菜）叶里，同时放入一片蘸好香油黄酱的紫苏叶。每当吃包饭时，所有人的饭量都会大增，当然不利于减肥。

在宫中府中，除了主菜外，还会出现一些小菜，如生黄瓜蘸黄酱、凉拌豆腐、拌茄泥、拌芥菜缨、生芹菜蘸盐、酱油拌西红柿等。

佐餐之酒，根据王府主人的嗜好各有不同。如汪荣堃记得庆亲王家每年秋天在绍兴酒大罐内泡"香白酒"。涛贝勒也每年泡酒，在大玻璃瓶内放入适量广柑皮、杭白菊和冰糖，倒入衡水老白干密封。月余后即饮，名曰"双吉酒"。酒虽浓烈，却清香扑鼻。

满族在饮食习惯方面受到汉族文化影响很深，但是宫中府中仍然保持了部分本民族的习惯特点。如喜食肉类、蜂蜜、奶制品等，有些与蒙古族相似。

"淡、淡""要淡"，这是我在涛贝勒膝下生活30年里经常听到他说的话。他曾说："做菜淡了可以补救，咸了就全完了。"今天，在发掘、传承中国御膳文化、提高御膳技能方面，我们要理解这字的含义：要"淡"中有味，"淡"中有鲜，"淡"中有美。

（选自《作家文摘》第 2012 期）

张学良夫妇：舌尖上的夏威夷

◎ 丘濂

1993 年 12 月 16 日，张学良和赵一荻夫妇乘飞机离开了幽居 40 多年的台湾，以"探亲"为名先前往美国西岸，再到夏威夷。张学良和赵一荻都是对饮食十分讲究的人，赵一荻还做得一手好菜。异国他乡的生活，还可以满足他们苛刻的饮食要求么？张学良夫妇的护理兼家庭厨师沈萍提供了张学良夫妇日常吃食的细节，从中也可以看到夏威夷华人的饮食风貌。

张学良夫妇的早餐既复杂也简单，是一种中西合璧的方式，面包和奶酪之外，一人还有一碗鸡汤卧鸡蛋。鸡汤在张家的用处太广了。赵一荻的舌头对味精尤其敏感，碰到了用味精的馆子都叫苦不迭，张家做菜提鲜就是靠鸡汤来完成。

赵一荻虽然因骨质疏松症亲自下厨不再方便，但她在菜式做法上给了沈萍不少指导。比如夫妇想吃一道"咖喱角"——那是起源于马来西亚的一种点心，在香港也很流行。它外面是面粉炸成的酥皮，里面的馅料用土豆泥、洋葱、鸡蛋、肉末和咖喱香料来混合，这就是赵一荻教给沈萍的。"张太太的要求是每个必须做得大小一致，摆盘方显得漂亮。"

沈萍提到赵一荻的手很巧，对美食如何来做主意也很多。"在台湾时他们有一位姓黄的邻居，有一次黄太太过生日，张太太亲手烤了蛋糕送过去。"而那个蛋糕竟然没有用烤箱，就是用盆装着处理好的蛋液和面粉糊，放在火上慢慢烤成的。这其实对火大小的掌控有很高的要求，因为受热不均，很容易烤煳。

赵一荻祖籍浙江兰溪，张学良是东北人，在一南一北的口味调和中，赵一荻无条件地照顾先生的口味。"张太太不爱甜，也不喜欢蒜的味道，但是张先生喜欢，家里的饭桌上就有这些东西。"无差别的是，他们对西餐都很热衷。檀香山的中国城几乎能买到一切需要的原料，唯一欠缺的大概是张学良爱吃的东北酸菜。没有做出张学良惦记的酸菜饺子，也成为沈萍心里的憾事。

提起红烧肉沈萍便眉飞色舞，她比画了一块 1 厘米宽，2 厘米长的大小："这样的红烧肉张先生能一口气吃掉 8 块，而且几乎只吃肥肉不要瘦肉。之后还能吃，只是张太太不许了。"

张学良爱吃红烧肉是很早的事情了。还是在沈阳时，中国银行沈阳分行总经理卞福孙请客，家厨做了一碗红烧肉端上来，张学良对味道赞不绝口。赵一荻看出先生的心思，便说要以帅府家厨做交换来试探。家有良厨是身份显赫的象征，张学良明白这样夺人所爱不妥。于是后来他又给卞福孙写了一封信，提出很想再吃一次红烧肉，只是要借家厨一用。三番五次请求，卞福孙当然明白，干脆将家厨赠予帅府。这名家厨跟随张学良夫妇辗转各地，但终于没能来到美国。沈萍做的红烧肉能让张学良一下吃下 8 块，滋味应与当年相差无几吧。

1994 到 1996 年，是张学良夫妇刚来夏威夷的前两年。两位老人的精神状态都好，也经常在外活动。下馆子就是一个重要项目。京苑酒楼算是在夏威夷最早开张的风格正宗的粤菜餐厅。老板王廷炽记得张学良夫妇是这里的常客，不仅他们每次坐的座位固定，点的菜式也基本一样。每次来，张学良有几样必点：鱼翅羹、琵琶豆腐、烤鸭三吃和干烧伊面。如果赶上午餐时间有粤式茶点可以选择，那就外加虾饺、叉烧包和烧卖三种。难得的是，他们还保留了点心推车的古旧方式，推车走到眼前，点心的成色一目了然，是最妥帖的点单方式。这即使在香港，也不算常见了。

夏威夷的八年，是张学良一生中彻底自由的时光。美景、美食，又有爱妻相伴身旁，一切都很平静美好。沈萍还讲了张学良的另外一个爱好，就是逛超市。"去买冰淇淋吃，以及挑选各种玩具。他喜欢在兜里塞满玩具，遇见小朋友就送给他们。"半个多世纪的与世隔绝，让张学良对阳光的、鲜活的、充满生命力的事物充满渴望。夏威夷正是在这些方面，给了他心灵的慰藉。

（选自《作家文摘》第 2021 期）

鲁迅与上海名菜馆

◎ 二毛

在鲁迅 55 年的人生中，上海是个重要的地方，他人生最后的九年生活在这里。

作为一个民族主义者，鲁迅却选择住在租界林立的上海滩，并且住在日本人密集的虹口区，这很耐人寻味。上海人、著名学者陈丹青认为，鲁迅选择上海居住是综合考虑，但内心并不快乐，比如他这一时期写的文章结集为《且介亭文集》，就是取"租界"两字各半拼成，颇有苦味自况的寓意。

苦归苦，但日子还要过，朋友还要交。在上海的鲁迅，文坛地位更高，朋友更多，还组织了"左联"，饭局也自然不少。上海地处长江口，是各种美食汇集之地，这很合鲁迅的胃口。与在北京时一样，上海的很多知名餐馆，都留下了他的足迹。

知味观杭菜馆是鲁迅在上海期间去的最多的地方。它于1930 年开业，原设于芝罘路西藏路口，后迁至福建路南京路口，原由杭州老板及名厨创办，以经营正宗的杭州风味为特色，拿手菜有西湖醋鱼、东坡肉、叫化鸡、西湖莼菜汤等。这些都是浙江的名菜，西湖醋鱼也是蒋介石非常喜欢的菜。

1933 年 10 月 23 日，鲁迅曾在知味观宴请日本福民医院院长和内山君等好友，亲自点了"叫化鸡""西湖莼菜汤"等。席间，鲁迅特别向客人介绍了"叫化鸡"的来历和做法。

这些精彩介绍引起了日本朋友极大的兴趣。福民医院院长回日本后，广泛宣传杭州菜的特殊风味，使知味观及其经营的"叫化鸡""西湖醋鱼"等菜肴在日本出了名。直到上世纪80年代初，"日本中国料理代表团"和"日本主妇之友"成员到上海访问时，还指名要到知味观品尝"叫化鸡"和"西湖醋鱼"。

在北京的时候，鲁迅很爱吃河南菜，经常去豫菜名店厚德福。到了上海，他又发现了新的豫菜名楼——梁园致美楼。这个酒楼实际上是河南菜和北京宫廷菜结合的菜馆，以河南菜为主。由河南开封人岳秀坤等创办，1920年开业，原设于汉口路云南中路口，1980年迁至九江路浙江路附近。

名人无疑是菜馆最好的广告，李白一首"兰陵美酒郁金香"让兰陵美酒传了上千年，鲁迅是沪上名人，到梁园吃饭，很得老板照顾。甚至上门给鲁迅做家宴，1934年鲁迅日记曾记录：晚属梁园豫菜馆来寓治馔。

扒猴头是梁园最出名的菜，也是河南名菜，与熊掌、海参、鱼翅并称，鲁迅很喜欢这道菜。"投其所爱"，鲁迅的好友，著名翻译家、散文家曹靖华，就经常送猴头菇给鲁迅。曹的家乡在河南省卢氏县，县里的小林子路口有一个小坪坝，只长七棵直径约一米半的大桦栎树，当中一棵有一个碗口大的猴头窝，每年七八月阴雨初晴的时候就长猴头蘑菇。1936年8月25日（鲁迅病逝前两个月）鲁迅日记中曾记录：午后靖华寄赠猴头菌四枚、羊肚菌一盒、灵宝枣二升。8月27日鲁迅回信给曹靖华："猴头闻所未闻，诚为尊品，拟俟有客时食之。"9月7日鲁迅请梁园的厨子来家中制作扒猴头这道菜。之后又给曹靖华回了一封信，大意说猴头味的确很好，与一般蘑菇味道不同，南边人简直不知道这个名字。他在书信中还提到：但我想如经植物学家或农学家研究，也许可培养。

德兴馆是上海比较知名的菜馆，原为建筑商万云生创办，开业于 1883 年，原设于南寺十六铺附近的真如路"洋行街"，后迁至东门路，以经营大众化的饭菜为特色，上个世纪 30 年代由钱庄老板吴丙英任经理，扩建后以经营上海风味炒菜为特色。看家菜有虾子大乌参、扣三丝。很多上海大亨都钟情于这里，鲁迅这样的美食家自然不会错过，并常请外地来的朋友到此吃饭，以品尝正宗的上海风味菜。

功德林现在几乎已成素菜的代名词，名气很大，北京也有分号，但功德林是起源于上海的，由杭州城隍山常寂寺高维均法师的徒弟赵云韶等创办，原设在上海北京东路贵州路口，1922 年开业，1942 年迁至黄河路南京西路附近。主要的名菜有五香烤麸、功德火腿、素蟹粉、罗汉菜等。这里很受文化名人的青睐，除了鲁迅经常来，柳亚子以及沈钧儒、邹韬奋、史良、沙千里等"七君子"也经常光顾此店。

即使是吃饭，鲁迅也展示了其"爱憎分明"的个性，他不喜欢功德林里用豆制品制成的足以乱真的素肉、素鸡、素鱼等，认为这是吃素人的虚伪，心中念念不忘吃荤，饭店才开发出这种变异的菜式。也算是以菜为例，顺手做了国民性的剖析。

（选自《作家文摘》第 1968 期）

王子的巧克力饼

◎ 蔡子强

一位英国王室御厨 Darren McGrady 所著的《Eating Royally》，再现了当年英国戴安娜王妃的两位小王子——威廉和哈里的饮食趣事。

这位御厨说，两位王子的口味就如普通同龄孩童一样，喜爱酿薯皮、薄饼、意大利面、烧鸡等。每隔一段时间，俩人就会在肯辛顿宫附近的快餐厅 Sticky Fingers 大吃汉堡与烧肋骨。保姆则会确保他们吃了足够的蔬菜，而他们也十分听话。

两位王子尤爱雪糕，挚爱是 Häagen-Dazs 的 chocolate chip，常常借故到厨房流连，再彬彬有礼地讨雪糕吃。威廉王子习惯坐在厨房的窗前，捧着雪糕杯，一匙一匙地吃，再小心翼翼地留意负责看管自己的保姆是否走近。

王子只能在与母亲戴妃同住的肯辛顿宫里，才能如此无拘无束，若是到白金汉宫探祖母、又想吃雪糕的话，女王会先嘱咐随从，再由随从传达给总厨，再转达给饼点厨师，嘱咐银具房送上银餐具，餐巾房送上餐巾，把雪糕妥为装饰一番，才由侍从恭恭敬敬地送上，但这样已是 15 分钟后，而且如此劳师动众，难免让王子吃雪糕的兴致大打折扣。

小孩子都爱吃甜点，除雪糕外，威廉王子从小就喜欢巧克力饼。此巧克力饼的做法如下：先把黑巧克力溶掉，加入牛油和糖，搅拌成巧克力浆，再加入 McVities 饼干碎，倒进饼模让饼成形，放进冰箱冷冻，待它凝固成饼底后，从冰箱取出并退掉饼模，铺上另一层黑巧克力浆，待巧克力浆稍稍凝固，便可食用。

这款巧克力饼不用烤焙，除了可以想象巧克力都是上等货外，其他用料可谓平平无奇，做法也不特别，不过王子就是喜欢，所以，就连威廉王子结婚的大日子，也聘请了当地 McVitie 糕饼公司以此为蓝本，制作了一个多层高的版本，用来款待宾客。

不单是王子，这也是英女王下午茶的心头好，每年生日，她都会要求以一个海绵蛋糕作为饼底的巧克力生日蛋糕。

此外，两位王子当年每个礼拜都要吃上一次的至爱菜式，是以剁碎的牛肉混入 brown sauce，表面铺上一层厚厚奶酪薯蓉的农场馅饼，那也是很寻常的食物。

这位御厨说他有责任让肯辛顿宫中各王室成员的膳食尽量健康，但却偶尔遇到两位王子的斗法。有一个下午，他在厨房看到一张手写字条，上面写着："Darren, please give the boys pizza tonight.Thank you."（达伦，今晚请给两个男孩做披萨，谢谢。）上面有着保姆的签名，但字体却歪歪扭扭，活像一个 8 岁孩童的笔迹——哈里王子的杰作。结果，当晚他还是送上烧鸡与蔬菜作为晚餐，而且报以一个暗笑。

翌日，哈里王子又蹦蹦跳跳地走进厨房，说准备告诉母亲想以薄饼作为晚餐。这位御厨遂拿出昨天的字条，询问对方自己是否该把这个拿给保姆看。王子眼睛瞪得老大，气急败坏地奔出厨房。纵然如此，Darren 当晚还是带着盈盈笑意烤了薄饼——他想戴妃会同意的。

这些王子的童年经历中，除了让人莞尔的，也有让人感到窝心的。一次，俩人向 Darren 提出，希望能放手让他们暗地里为母亲准备晚餐。戴妃的心头好是酿茄子，俩人兴高采烈又鸡手鸭脚地做菜，尽管将制成品弄得像是一团糊，但戴妃见到后还是忍不住掩面惊呼，她一口一口地吃下，面露无比幸福的微笑。这位御厨说，他相信那些茄子一定很好吃，因为当中洋溢了爱。

当日为了吃雪糕和薄饼费尽心机的小孩，20 年后的今天，已经成了气宇轩昂的男子，岁月的流逝，又岂能不让人感慨万千。

（选自《作家文摘》第 1970 期）

钟爱甜食的大师们

◎ 苏雪莲

　　鲁迅很喜欢吃甜食，每到发薪水的日子，他都会去一家法国面包坊买两款奶油蛋糕，一来孝敬他的母亲，二来自己吃一点。比起精美华贵的西式糕点，鲁迅最喜欢的还是蜜糖浆制作的满族点心萨其马。还有一种叫作羊羹的日本点心，是鲁迅在日本留学期间就很喜欢吃的，回国之后依然念念不忘，经常托人从日本带来品尝。另外，鲁迅还喜欢朱安用白薯切片和以鸡蛋面粉油炸的香甜可口的小点心。在饭店里，鲁迅总喜欢点一道用鸡蛋黄、淀粉、白糖、清水加工烹制，名叫"三不粘"的菜肴。鲁迅的弟弟周作人在回忆录中写道："传说鲁迅最爱吃糖，这自然也是事实，他在南京的时候常常花两三角钱到下关'办馆'买一瓶摩尔登糖来吃，那扁圆的玻璃瓶上面就贴着写得怪里怪气的这四个字。那时候这糖的味道的确不差，比现今的水果糖仿佛要鲜得多……"

　　王国维对于甜食更是爱不释手，他的卧室里摆着一个朱红的大柜子，上面两层专门为他放置各类零食和甜点。柜门打开，里面琳琅满目，简直就是一家小型的糖果店，里面有焦切糖、小桃片、云片糕、酥糖等苏式茶点，还有红枣、蜜枣、花生糖，当然也少不了北京特产茯苓饼。王国维的夫人每个月都会从清华园进城采买零食和日用品，每次都拉回满满一洋车的甜食。

张爱玲对甜食的爱好深入骨髓。年幼的她有段时间每天晚上都去起士林餐厅吃奶油蛋糕，早餐喜欢吃的是现磨咖啡配奶油面包。年龄稍长后，张爱玲经常和闺蜜炎樱去凯司令餐厅喝下午茶，她们非常喜欢奶油："每人一块奶油蛋糕，一杯热巧克力加奶油，另外再要一份奶油。"张爱玲爱吃的甜食还有糖炒栗子、松子糖、糖醋小排、栗子蛋糕以及甜甜的红烧蹄髈。由于张爱玲一生偏爱甜食，导致晚年牙齿严重受损，不得不频频去看牙医。

　　文物鉴赏家王世襄晚年爱吃肯德基的巧克力圣代，一买就是 24 个，存放在冰箱里面，每天吃上六七个是他的一大乐事。

　　翻译家苏曼殊爱吃摩尔登糖，从不离嘴。一次身边没有带钱，他便把嘴里所镶的金牙取下变卖，还风趣地称自己是"糖僧"。小说名家包天笑曾有一诗调侃苏曼殊的嗜糖顽习："松糖橘饼又玫瑰，甜蜜香酥笑口开；想是大师心里苦，要从苦处得甘来。"

　　甜食虽然甘美醇厚，但过多食用也会伤及身体。

　　1918 年春，苏曼殊在上海宝隆医院去世。住院期间医生对他的饮食严加控制，不准吃糖，可他却逃出医院，去街上大吃八宝饭、年糕、栗子和冰淇淋，致肠胃病加剧而死。死后，在他的床下、枕旁找出不少糖纸。

　　无独有偶，1924 年，有人送给 84 岁的著名画家吴昌硕 10 包家乡的麻酥糖，子女们担心甜食对他身体不好，只给一包，剩余的藏起来。不料被他发现，便半夜悄悄起床，取出两包麻酥糖，全部吃下。由于麻酥糖不好消化，加上老年人的肠胃功能已经退化，结果两包麻酥糖梗在胃中，无法消化，吴昌硕因此一病不起，驾鹤西去。

　　甜食虽好，也不能贪吃。聪明地吃，智慧地活，就是文人们带给我们最好的启示。

（选自《作家文摘》第 1996 期）

"湘西王"陈渠珍的绝地饮食体验

◎ 尧育飞

生于湖南湘西凤凰的陈渠珍（1882—1952）是闻名遐迩的湘西王，他早年奔赴西藏，在雪域高原谱写下传奇篇章。这些经历见诸于他的著作《艽野尘梦》。他戎马一生，并不以饮食知名，可是他偏偏有常人无法企及的绝地饮食体验。

不妨先看看他的日常饮食。1942年元旦（农历春节），陈渠珍重新开始记日记。头天夜里，他刚刚守岁完，早上起来，按照湘西风俗吃了一碗面，儿孙辈的人物前来拜节，陈渠珍为他们每人送了一点糖制品。中午，他的朋友文蛟和丁振午来拜节，他留他们吃饭。平常，他不过是饮酒，偶尔喝高了，便读一读《酒诰》。这篇出自《尚书·周书》的文章，作者据说是周公旦。这也是中国现存文献中最早的禁酒令。陈渠珍在日记中写道，古人对于酒，反复谈论，主要是因酒足以乱性，而人性失常，容易生出是非。他告诫自己，酒还是要少喝点。

此后，他果然颇有节制。初九日，他的朋友力庸生日，他也不过"饮酒半盅，食面二碗，饭一碗，亦极其醉饱"。十一日，是吃社饭。湘西的社饭自然是极出名的，陈渠珍也颇为自豪，他在日记中写道：

> 社饭味绝佳，亦吾乡所最盛行者。惜历次所煮非生硬即柔滥。去岁伯漪等所送之社饭则极为合适。力

庸今日煮社饭，予令请伯澥代煮，留心一看，未必不
能自煮。事毕，至万天宫，伯澥正为拌米及肉菜、油
盐，上笼灌汤，又为炒冲菜，是极有经验者，得此一
度实验，以后或不致有失也。晚餐食社饭，味极佳。

陈渠珍原是极具科学精神的军人，此时赋闲西南的他正与
人一道发明弹棉花的机器和灌田机，他后来也凭借这几项发明
专利获得不菲收入。而社饭乃是湘西尤其是凤凰一带很有名的
食物。陈渠珍颇能留心煮社饭高手伯澥的技法，原来是要加肉
菜、油盐，上笼蒸。

陈渠珍喜欢吃参，蒸熬都可。在凤凰时，各方面赠送他的
西洋参不下五六斤，他并不吝惜，而是随意送人。然则他并不
喜欢吃燕窝，他自己尝言，"服燕窝者，择毛所耗之精神，恐
尚过于燕窝之滋补力"，很不耐烦燕窝拔毛的繁琐。他甚至希
望把燕窝卖了换参吃。在1942年3月14日日记中，陈渠珍便
记载自己存放陈年燕窝相当多，当时听闻南川燕窝售价为一两
180元之多，他当即思忖："变废为宝"，这是一件相当好的买
卖。在六月初六，他终于将燕窝换成三两西洋参。

九月十二日有人送波斯羊一头。他便和季韬等人在天井中
开宴，喝了很多酒，也吃了很多肉，味道极佳，他说"真吾乡
特有之佳肴也"。

陈渠珍还有别样的饮食体验，他在率领部队逃出西藏时，
经过江达以后，天气特别寒冷，曾生吃过冰冻肉。他在《艽野
尘梦》中记载：

> 凡野肉割下，经十分钟即结冰成块，其质细脆，
> 以刀削之，如去浮木。久之，淡食亦甘，不思盐食
> 矣。非如内地生肉，腥血淋漓也。

在不是那么饥饿的闲暇时光，陈渠珍也猎寻美味。譬如在进入岗拖河时，他见"贝母鸡数十成群，飞行地上；闻其味极佳，因约同人携枪入山击之，日必获数头。就江去皮骨，取肉切为小块，拌胡豆酱炒食之，味鲜美，远非家禽所及也"。

陈渠珍在江布中心脚木宗遇到一位大喇嘛，大喇嘛摆了一场大的酒席招待他。只见"果饼酒肴，罗列满桌。中一火锅，以鱼翅、海参、鱿鱼、瑶柱、金钩、口蘑、粉条之属，杂拌肉圆鸡汤，又以腌酸青菜及酸汤调和之，味鲜美绝伦，内地所未尝有也。不知喇嘛何以办此。余自西藏回，已二十五年矣，亦尝仿此为之，食者莫不称善。可见口之于味，有同嗜焉"。这道菜有点类似长沙的大杂烩，却也有点像酸汤海参。陈渠珍1936年蛰居长沙，形同软禁，大概常常以这道菜招呼湖南耆旧如曹典球等人。

（选自《作家文摘》第 2345 期）

贾思勰教你做面皮儿

◎ 孟晖

中国的美食实在太多了，所以大家根本没精力注意，面皮儿这种普通小吃的历史是多么古老。做面皮需要依靠一件特殊工具，那是一只带有一圈矮边沿的金属平底盘，叫"罗罗"，在公元 6 世纪，罗罗已经出现在了贾思勰的不朽著作里，只不过那时它还没有获得专称，《齐民要术》笼统地称之为"铜钵"。据这部农学巨著记载，当时有一种食品"豚皮饼"，做法是这样的：

> 以热水匀拌米粉，制成像稀粥一样的米浆。拿一口大锅架在灶上，煮一锅沸水。用小勺舀起米浆，倒在一个铜钵里，然后将铜钵轻巧放到锅中沸水上，令其漂浮在水面。伸手指拨弄铜钵快速旋转，如此让米浆均匀铺满在盘底，形成一张薄圆饼。饼经隔盘沸水的加热而定型之后，拿起铜钵，将饼倾倒在沸水之内煮熟，再捞起浸到冷水中。

这种薄饼靠快速拨动成型，也得名拨饼。北朝人们吃时会浇肉卤，或者用调味料拌匀，甚至以牛奶、奶酪当浇头。隔着1400 年的时光，当年的铜钵如今获得了罗罗的芳名，改用不锈钢制成。

北朝豚皮饼与今日面皮之间，最大区别估计在原料，豚皮饼主要以小米粉、粱米粉烫制，而面皮则采用小麦面粉调成的稀浆。另外，如今还有米皮，其做法与面皮一样，只是用料为大米与糯米的混合粉。红遍大江南北的"凉皮"也是依靠相近的工艺，但以淀粉做成，口感更为筋道。

实际上，《齐民要术》里记载了很多种烹饪术和食物加工工艺，其中有若干种都流传到了今天，因此，这本古籍不仅是农学著作，也是一部精彩的美食书。

到了近代，面皮、米皮、凉皮都有改进制法，大致是把罗罗置于蒸屉上，或者以特制的竹编蒸屉架在水锅上，再铺一层屉布，均匀摊上粉浆，靠屉下的水汽蒸熟。由此又演进出广东蒸肠粉，这种美食以米浆为原料，但是广东人想出了向粉浆上洒肉末、鸡蛋，或者用熟粉皮裹卷肉肠、虾仁乃至香菇丝、笋丁等馅料的妙招，这就加倍的美味了。

（选自《作家文摘》第 2357 期）

杜甫的五柳鱼与李白的太白鸭

◎ 朱文建

杜甫喜欢吃鱼，从诗句里就可以看得出来：

鱼知丙穴由来美，酒忆郫筒不用酤。

蜀酒浓无敌，江鱼美可求。

杜甫还喜欢吃生鱼片，758 年，在去往东都的途中，在河南的虢州，一个做官的朋友姜小七招待他吃鱼。杜甫观看了现场切鱼片的技法，《阌乡姜七少府设脍，戏赠长歌》说：

姜侯设脍当严冬，昨日今日皆天风。河冻未渔不得易，凿冰恐侵河伯宫。饔人受鱼鲛人手，洗鱼磨刀鱼眼红。无声细下飞碎雪，有骨已剁觜春葱。

大厨的快刀将鱼切成雪花状薄片，鱼骨剁下来，配以姜葱蘸料摆盘，那是十分地精致诱人。而杜甫在蜀地吃的一次生鱼片则比之更胜。762 年，老友严武还朝，杜甫依依不舍，从成都直送到绵阳，地方官设宴款待，《观打鱼歌》将打鱼切鱼的情景刻画得淋漓尽致：

绵州江水之东津，鲂鱼鲅鲅色胜银……饔子左右
挥霜刀，脍飞金盘白雪高。徐州秃尾不足忆，汉阴槎
头远遁逃。

吃了这次鱼片，方知其他地方的都要逊色得多，川中美味
可见一斑。像这种出神入化的刀功技法，恐怕现在的人也是望
尘莫及。

杜甫在草堂时，经常有三朋四友来看望，大多数都是人家
带着酒菜。一次几个诗友空手而来，说得兴起，眼看中午了还
没饭食，正巧小儿子杜宗武钓了一条肥大的草鱼提回来，杜甫
眼前一亮，就要在朋友面前露一手。喊家人去打酒，拿过鱼就
进了厨房，把鱼打整出来，像往常一样下作料蒸了。

但杜甫总觉只是蒸鱼太单调，他又独出心裁将泡姜、葱、
笋子切成细条，如柳丝一样，茱萸剁细了，下锅烧成汁后均匀
勾在鱼面上，一道色香味俱全的鱼就出来了。客人吃了叫好不
绝，纷纷问这叫什么鱼？杜甫看着鱼沉思片刻说，干脆就叫五
柳鱼吧。众人夸赞这菜名好，有诗意。

比杜甫大十几岁的诗仙李白也很喜欢吃鱼，一次在山东做
客吃了鱼片，《酬中都小吏携斗酒双鱼于逆旅见赠》说：

双鳃呀呷鳍鬣张，跋刺银盘欲飞去。呼儿拂几霜
刃挥，红肌花落白雪霏。

李白也曾自创菜品，他为了接近唐玄宗，宣传自己富国
强民安天下的宏论，就想到在老家四川吃到过的一种美味鸭

子，皇帝也是个好吃嘴。于是选了一只肥鸭子，模仿着老家的做法，用枸杞三七料酒等烹制出来，献给皇上吃。玄宗吃了鸭子赞不绝口，金口玉言为这道菜命名太白鸭。太白鸭至此经久不衰。

（选自《作家文摘》第 2358 期）

陆小曼有多爱吃

◎ 雪峰

偏好西式餐饮

1920 年至 1922 年这三年时间里，陆小曼除了在圣心学堂学习以外，主要工作是在北洋政府的外交部做兼职接待和翻译。她精通法语，凡是与法国朋友有关的交流聚会，是少不了请小曼出场作陪的。

当时，外国人来中国吃住最多的是六国饭店和北京饭店。陆小曼对西餐的爱好就是从这里开始的。她特别钟情于英国人爱吃的炸土豆条。

1926 年 10 月 3 日，徐志摩和陆小曼在六国饭店举行了盛大的婚礼。可见陆小曼对六国饭店的钟爱和对西式餐饮的偏好。

陆小曼所钟情的又一美食是夹肉面包，其实就是西方的快餐食品"三明治"。它以两片面包夹几片肉和奶酪、各种调料制作而成。徐志摩在《爱眉札记》里说：

> 眉，你真是孩子，你知道你的情感的转向来的多快；一会儿气得话都说不出，一会儿又嚷吃面包了。

这里的面包，指的就是夹肉面包。

零食 "果腹"

自年轻时起，陆小曼就不爱吃正餐，总是以零食 "果腹"，徐志摩也对陆小曼说过："你一天就是吃，从起身到上床，到合眼，就是吃。"徐志摩虽有百般不愿意，却也总是不辞劳苦，给小曼带来天台的橘子，日本长崎的大樱桃，各种蜜饯、芒果、白果、杨梅、荔枝、石榴等。小曼吃得嗓子上了火，唱戏唱不出，志摩又心疼不已。

据著名篆刻家陈巨来先生的遗著《安持人物琐忆》考据，陆小曼初嫁徐志摩时，体重为 140 斤。这样的考证实在是让许多人无法接受——曾经的校园皇后，头牌交际花，豪门公子难求一见的大美人，居然是一个现实生活中颇为肥硕臃肿的女子。

爱喝乳汁

1931 年 11 月 19 日，徐志摩飞机失事身亡后，陆小曼就一直抑郁寡居。她时常胃病发作，痛苦难忍，就连米饭与面包也不能进食。于是改吃红米粥，以便易于消化，缓解疼痛。

因病情所致，挚友翁瑞午还专门为陆小曼请了一位专职奶妈。据翁瑞午的女儿翁香光回忆，一次她到陆小曼家去，见到一个奶妈，便觉得很奇怪，心想，他们家里又没有婴儿，怎么会请奶妈呢？后来才弄明白，原来陆小曼不吃牛奶，爱喝乳汁，据说此物极富营养。那时蜂蜜比较贵，可是陆小曼家里总是买很多，因为长期吃鸦片容易便秘，蜂蜜能让肠胃蠕动。

陆小曼吃了鸦片后，鼻子下面会出现两道灰黑印痕。她就用一板嫩豆腐来揉擦，过一会儿就将印痕擦掉了，然后再涂上蛋清，最后再画上淡赭色的眉毛，而不用黑色的眉笔。

徐志摩生前，陆小曼就已常和翁瑞午同榻，烟雾缭绕，吞云吐雾。在舆论颇多的情况下，徐志摩始终认为"丈夫绝不能禁止妻子交朋友"。

翁瑞午是大上海的花花公子，有名的遗少。父亲留给他的万贯家产，也在后来交际中挥霍一空。但他对陆小曼的迁就和后来几十年不离不弃的陪伴，却也显示出真诚和侠义。

（选自《作家文摘》第 2364 期）

梁山好汉为何都爱吃牛肉

◎ 李开周

　　《水浒传》第三十八回，宋江、戴宗和黑旋风李逵在江州琵琶亭喝酒，宋江见李逵饿了，吩咐酒保道："我这大哥想是肚饥，你可去大块肉切二斤来与他吃，少刻一发算钱还你。"酒保说："小人这里只卖羊肉，却没牛肉，要肥羊尽有。"李逵一听这话，把没喝完的鱼汤劈脸泼过去，淋了酒保一身。戴宗喝道："你又做什么？"李逵气愤愤地说："叵耐这厮无礼，欺负我只吃牛肉，不卖羊肉与我吃！"

　　古代中国大多数时期，牛肉价格一直低廉，地位低下，不登大雅之堂，是平民阶层的最爱；而羊肉却很贵，经常在御宴和贵族饭局上出现，是高富帅阶层的心头好。所以李逵一听酒保说只卖羊肉，就觉得酒保把他当成了穷鬼，以为他只配吃牛肉，不配吃羊肉，于是自尊心受挫，忍不住向酒保发了飙。

　　翻翻《水浒传》，黑旋风也就在江州琵琶亭这场戏里赌气点了二斤羊肉（宋江埋的单），在其他回目里吃的还是牛肉。包括梁山好汉里面小门小户出身的其他英雄好汉，例如阮氏三雄和拼命三郎石秀等人，平常吃肉也是牛肉占大头，敢于宰羊待客的只有柴进那样的富二代以及晁盖那样的大地主。

　　平民多吃牛肉而少吃羊肉，是因为羊肉太贵。宋朝疆域太小，辖区内没有大规模养羊的州县。所以宋朝饭局上的羊肉主要靠进口，价格当然就会高了。宋高宗绍兴末年，一斤羊肉要

900 文。而当时县级公安局局长（县尉）每月才拿 7700 文工资，挣一个月薪水，还不够买 10 斤羊肉。

在漫长的历史长河中，牛肉相对猪羊肉而言一向是比较便宜的。之所以便宜，首先是因为它的脂肪含量低，能提供的热量不如猪肉，没有猪肉吃起来解馋，在温饱未能解决的时期，肥肉一直比瘦肉更受欢迎。甚至到了 1961 年，四川作家李劼人给同学寄肥肉一块，同学还非常开心地回信道："见其膘甚厚，不禁雀跃，未吃如此肥肉已久故也。"

在古代，牛的地位很高，而牛肉的地位却很低，因为在儒家思想灌输之下，掌握话语权和教化权的士大夫坚信人们不应该食用牛肉。牛肉价格便宜，跟这种思想灌输也是分不开的。

（选自《作家文摘》第 2366 期）

第三辑

非常食谱

像极了爱情的山茶花

◎ 崔莹

山茶花的狂爱者

玛格丽特的浓密秀发上别着山茶花,不便待客是红色,欢迎来聚是白色……这是法国作家小仲马写的《茶花女》里,女主人公玛格丽特和情人的暗号。这里的山茶花象征着玛格丽特的善良纯洁,也标志着她奋不顾身的决绝的爱。

与其他花的凋谢方式相比,山茶花最大的不同在于"萼片脱落",即花朵连同花萼整朵掉落,如同人头落地。而且山茶花的花期很短,如同稍纵即逝的命运。因此有人认为山茶花不吉利,称其为"断头花"。

英国女王的妈妈伊丽莎白王太后生前是山茶花的狂爱者,她的花园里种了很多山茶花。2002 年,在她的葬礼上,一朵来自她花园的山茶花被特意摆放在棺木上。王太后的宝贝女儿——女王本人也和山茶花联系在一起。1953 年,英国女王伊丽莎白二世加冕,为纪念这一盛事,美国的园丁们将一种玫瑰粉色的山茶花命名为"女王陛下 - 伊丽莎白二世"。

欧洲的山茶花

欧洲有据可查的关于山茶花的最早文字资料来自德国医生

安德烈亚斯·克莱尔，他曾于 1682—1684 年、1685—1687 年到亚洲做生意。1689 年，克莱尔医生的信件发表，其中出现了关于山茶花的东方版画。而在同一年，苏格兰外科医生詹姆斯·昆宁汉姆随英国东印度公司来到中国，收集植物标本。昆宁汉姆在当时的 Amoy（即现在的厦门）采集了山茶花标本，这些标本目前被收藏于伦敦自然历史博物馆。中国的山茶花为何落户英国博物馆？那是因为，昆宁汉姆将标本交给了英国植物收藏家詹姆斯·佩蒂夫，佩蒂夫去世后，他的收藏到了汉斯·斯隆手中，而斯隆正是大英博物馆的创建者。

"英国鸟类学之父"乔治·爱德华兹于 1743 年出版《罕见鸟类博物志》，书中有这样一幅插图：一只孔雀雌栖息在一棵山茶花树上，这是在欧洲出现最早的山茶花的画像。根据 1772 年 11 月英国商人约翰·布莱德比·布莱克写给父亲的信件内容来看，他是将山茶花引进到英国的第一人。布莱克信中说，他从中国邮寄了 10 株山茶花给英国皇家植物园邱园的园丁艾顿先生。这 10 株花成为英国人研究山茶花的第一手资料。

其实，最初英国人是分不清茶树和山茶树的。直到 1753 年，动植物分类学的鼻祖、瑞典生物学家卡尔·林奈发表《植物种志》，首次提出"茶属"和"山茶属"，才将茶树和山茶树区分开来。林奈因发明双名法而闻名于世，山茶花的英文名"Camellia"便来自于他。

欧洲人对山茶花的喜爱也伴随着殖民扩张散播开来，影响到了新大陆的人们。例如，同样喜欢山茶花的美国女作家哈珀·李，在她的代表作《杀死一只知更鸟》中，山茶花有着特殊的含义。书中，杜博斯太太是一个脾气很坏、没有耐心、歧视黑人的种族主义者。在杰姆的陪伴下，杜博斯太太逐渐克服了自己的恶习。她去世前，送给杰姆一朵白色的山茶花。这朵洁白无瑕的山茶花象征了杰姆父子的宽容和耐心。

中国文化里的山茶花

备受欧洲人喜欢的山茶花其实原产于中国。17—18 世纪，随着两地频繁的商贸往来，山茶花得以漂洋过海，远渡重洋。

在中国，关于山茶花最早的记载可以追溯到 480—535 年间编著的《魏王花木志》，书中提及："山茶似海石榴，出桂州。"6 世纪，南朝诗人江总在《山庭春日》一诗中形容山茶花："岸绿开河柳，池红照海榴。"此处的"海榴"便代指山茶花。古人很会打比方，山茶花的果实的确和石榴很像。也正因此，海石榴成为山茶花的古名。

在牡丹横行洛阳之前，那里也曾是山茶花的世界。北宋文学家李格非在 1095 年出版的《洛阳名园记》中记载了山茶花的生长习性，指出山茶花除了用于欣赏，还可以食用。李时珍的《本草纲目》介绍山茶花可以治"吐血衄血，肠风下血"。15 世纪出版的《救荒本草》、16 世纪的《滇中茶花记》、明末清初的《十竹斋书画谱》、1726 年的《古今图书集成》中对山茶花均有记载。

与欧洲出现山茶花插画差不多的时期，清代画家邹一桂也创作了一幅《白梅山茶图》，并在其艺术理论著作《小山画谱》中为山茶花分类。

到了今天，真正让山茶花走入寻常人记忆的要数金庸了。

《天龙八部》里，段誉夸夸其谈山茶花，同时借以嘲讽王夫人。王夫人一怒之下罚段誉在曼陀罗山庄照料山茶花，段誉却心想着可以在此邂逅那位身穿藕色衣服的姑娘。看来，正是山茶花牵线搭桥，段誉和王语嫣才得以相见。但此处，金庸错将山茶花和曼陀罗当成同一种花，因此，将曼陀罗山庄改成"茶花山庄"更准确。

　　和欧洲异曲同工的是，中国文化里，山茶花也代表着永恒的爱或持久的奉献，常用于指代相爱相守的恋人。饱满丰盈的花瓣代表女人，"护花使者"花萼代表保护她的男人。当面临凋零和死亡时，山茶花的花瓣和花萼一同落下，像一对同时告别世间的恋人。

（选自《作家文摘》第 2301 期）

草莓：最苏的水果

◎ 墨墨知道

水果大部分都意味着美好，美好到不真实，鸡皮疙瘩起来，就叫苏。在水果界，草莓不仅完美，而且真实存在。

美好象征

由约翰·列侬创作的披头士名曲"Strawberry Fields Forever"（永远的草莓地），代表了他对儿时记忆的找寻。草莓地是利物浦郊区的一家救世军孤儿院，靠近列侬儿时的住处，是列侬从小玩耍的地方。后来，他的遗孀小野洋子在纽约中央公园内修建了一处名叫"草莓园"的圆形小广场，以纪念亡夫。

匮乏时期的想象

邱岳峰是电影《简·爱》中罗切斯特的配音者，是那个时代最动人的声音之一。在陈丹青的《邱岳峰》一文中，他记录了命运多舛的邱岳峰演艺生涯的一个细节：

> 他曾被电台请来就他的配音艺术夫子自道，老家伙洋洋得意再三模拟一句旧台词，我不记得那句台词出于哪部电影，但记得他在那个根本吃不到"奶

油"和"草莓"的时代曼声念道：奶油——草莓，奶油——草莓。

谁能想到，在物资匮乏的年代，一个人可以只凭借声音，就将美展现得如此动人心魄。那个年代没有几人见过的草莓。

草莓在西方童话故事里出现的频率很高，而草莓在国内成为普通商品的时间却要晚得多，上世纪80年代后才逐渐多起来。

从哪里来

现代草莓的学名叫大果凤梨草莓，所有市面上的品种都源于它。大果凤梨草莓在20世纪初传入中国，至今不到100年的历史。中国目前草莓生产面积居世界第一位。

今天世界上草莓品种非常多，超过2000个。这些年人们吃到的优质品种主要来自日本，比如章姬，就是著名的"奶油草莓"，因其具有奶香味、味道甜美而著名。它是日本静冈县育种家荻原章弘以"久能早生"与"女峰"杂交育成的早熟品种，现在也是日本主栽品种之一。它的缺点是果实太软，不耐储存运输，适合做礼品和在市郊观光采摘。一斤草莓大约有10颗。

"章姬"和"幸香"杂交，得到的是"红颜"。红颜也是日本培育的，也叫红颊、牛奶草，丹东99。特点是果肉较细，甜酸适口，香气浓郁。

吃草莓的要诀是要快。快，不是跟人抢，而是要保证新鲜度。草莓非常不耐储存，多放一天滋味就有损失。

（选自《作家文摘》第2302期）

舌尖上的奥斯卡

对全球影迷来说，每年的奥斯卡颁奖典礼，最为熟知的是走红毯和颁奖典礼，其实作为标配，奥斯卡之夜——颁奖礼之后登场的州长晚宴也是一个不可错过的目光焦点。

奥斯卡颁奖礼之后的神秘晚宴有时被叫作"州长晚宴"或"州长舞会"，而这里的"州长"其实是电影学院执行官的意思。3000人的颁奖礼，只有一半的人才有资格参加晚宴，这里才是好莱坞精英们身份与地位象征的名利场。

食材消耗惊人

据官方数据显示，晚宴要消耗250只缅因龙虾，60份烟熏三文鱼，10公斤美洲养殖鱼子酱，6000份和牛迷你汉堡，250磅帕马森干酪，500磅巧克力……菜单里必不可少的四道奥斯卡晚宴限定特色菜肴，它们是小金人形状的三文鱼、鱼子酱、黑松露通心粉，以及松露鸡肉派。

掌勺奥斯卡晚宴超过20年的明星主厨帕克每年都会结合世界美食潮流，对菜单进行推陈出新。比如今年，来自日本的宫崎牛和宫崎县产烧酒"雾岛"就首次进入了奥斯卡晚宴。

大导演酿的酒

晚宴当然少不了美酒助兴，2019 年的奥斯卡晚宴就消耗了上千瓶葡萄酒、上千瓶香槟，还有数不清的鸡尾酒。他们喝的葡萄酒来自业界老前辈——《教父》的导演弗朗西斯·福特·科波拉。这次科波拉赞助奥斯卡晚宴的酒有两款，一红一白。往年，科波拉赞助奥斯卡晚宴时，还会额外多做一些，投放到市场。

说起酿酒与电影，科波拉说："酿酒与电影是对加州来说非常重要的两种艺术；它们都需要顶尖的基石，不论是土地还是脚本。"

1975 年，科波拉购入炉边酒庄，面积多达 1560 英亩。20年后，科波拉又买下炉边酒庄余下的 90 英亩葡萄园和城堡，使酒庄完全归属于自己，并在 2006 年将酒庄名字改为卢比孔酒庄。而这只是科波拉葡萄酒事业的开始。2002 年科波拉斥资3150 万美元收购邻近卢比孔酒庄的科恩葡萄园，2006 年又收购索诺玛县亚历山大谷的 81 英亩葡萄园，建立起一个庞大的葡萄酒帝国。

热门影片成为美食灵感

每年的奥斯卡晚宴都有不同的主题。从 2003 年开始，奥斯卡晚宴喜欢用热门影片做出各式甜品，《指环王 2：双塔》《时时刻刻》《钢琴师》都成了美食的灵感来源。

2005 年奥斯卡晚宴有迷你越南风味的春卷，印度咖喱饺配果酱。2007年的晚宴第一次改成自助餐,打破过去指定座位的做法,还让所有厨师集体现身,让奥斯卡盛宴真正成为美食和社交的大派对。

每年的甜品都令人难忘。2012年的3D红地毯蛋糕,看上去平平,不过戴上3D眼镜,就看出立体的楼梯了。2013年又有150余种甜点让人应接不暇。

然而美食美酒再光鲜亮丽,也抢不过奥斯卡晚宴上最惹眼的主角——小金人巧克力的风头。晚宴的醒目位置摆上了比真人还高的大型小金人巧克力,还会供应超过7000个迷你版本,这些巧克力金色的外衣可都是24K黄金。晚宴提供精致的盒子,允许嘉宾们将巧克力带回家。

(选自《作家文摘》第2312期)

巧克力与诺奖有关系吗

◎ 浙云

《新英格兰医学杂志》曾刊登一篇文章，说一国人均巧克力消费量越高，其诺贝尔奖得主占总人口的比例就越高。按照文章作者弗朗茨·梅瑟利的观点，巧克力消费与获得诺奖存在因果关系，其理论机制是：巧克力的主要原料可可富含黄烷醇，而黄烷醇作为强抗氧化剂类黄酮的一个亚类，能提高记忆力、学习能力，改善推理、决策、语言理解和数学逻辑等认知功能。

然而，人均巧克力消费量越高并不代表那些诺奖得主就吃了更多的巧克力。亦即，吃巧克力的人与诺奖得主并不一定属于同一群人。同时，对文章更严重的质疑来自于这样一个事实：虽然黄烷醇在天然可可中含量很高，但在巧克力中含量却很低。哈佛大学医学院黄烷醇专家诺姆·霍伦伯格指出，黄烷醇会使巧克力吃上去发苦，因此巧克力制造商会尽量降低巧克力中黄烷醇的含量。

那么怎样有效地解释文章的统计学证据呢？一种比较诙谐的解释是，虽然从巧克力消费到获得诺奖并不一定存在因果关系，但反向的因果关系有可能存在：那些有很多诺奖得主的国家或许喜欢用巧克力来庆祝斩获诺奖。更严肃的解释来自2001年诺贝尔物理学奖得主艾里克·科纳尔。他认为，一个国家的巧克力消耗量与该国的富裕程度相关联，而越富裕的国家对科研投入更多，从而越可能产生更多的诺奖得主。因此，巧克力消费量和诺奖得主数量正相关所反映的是经济发展对两者的促进作用，而非两者的因果关系。

艾里克·科纳尔实际上是基于统计学中的"虚假关系"概念来进行解释的。所谓虚假关系，是指两个变量不存在因果关系，但会因为分别与第三个变量相关而具有相关性。不幸的是，这种相关性会误导人们认为两个变量存在因果关系。例如，手掌大小与阅读能力没有因果关系，但两者正相关，原因是年龄越大、手掌越大，同时阅读能力提高。再如，冰淇淋销量与溺水人数没有因果关系，但两者正相关，原因是气温越高、冰淇淋销量越大，同时游泳的人更多，进而会有更多的溺水者。

还有一种可能是，两者相关只是一种不必过度解读的巧合。就弗朗茨·梅瑟利所进行的研究而言，他选取了人均产生诺贝尔奖得主数量排名前23位的国家作为研究样本，显然样本量很小，从而很容易出现巧合性结果。

寻求因果规律是人类的本能，然而在此过程中陷阱重重。若要避免这些陷阱，不妨记住哲学家康德的著名论断："经验的因果归纳没有合法性。"

（选自《作家文摘》第2315期）

香料，阿拉伯人的保健秘诀

◎ 黄培昭

阿拉伯人嗜爱香料，几乎所有的阿拉伯国家，都有专门的香料市场。更重要的是，阿拉伯人习惯用这些香料来保健防病甚至治病。

历史悠久

古希腊作家、西方历史学鼻祖希罗多德在公元前 5 世纪，就曾对阿拉伯香料作过这样的描述和赞誉：整个土地，都弥漫着浓郁的香料味，异香袭人。

早在古埃及，香料已经广泛使用，古埃及人甚至认为香料是"神物"，是众神的食物，通过焚烧香料产生的烟是"通向天堂的阶梯"。

相传，埃及艳后克里奥帕特拉对香料情有独钟，尤其喜欢薰衣草、紫罗兰和玫瑰花，并用由 16 种不同香料和植物构成的香水和香油来沐浴薰体。美国芳香咨询师曼迪·阿芙特在《香料与气味》一书中说，香料和香水是克里奥帕特拉的"致命秘密武器"，她甚至拥有自己的"香料作坊"。

阿拉伯许多文学著作中，也不乏有关香料和香味的场景描写。如脍炙人口的《一千零一夜》中就写道：首先闻到一股从来不曾闻过的馨香气味……旁边摆着两个大香炉，里面的麝香和龙涎香，泛着馨香气味，笼罩了整个屋子。根据书中描写和介绍，洒蔷薇水和花露水等，能够使昏迷不醒的人恢复神志。

生活必需品

据了解，阿拉伯香料大体分为食用型、药用型及普通型三大类，尤其以前两类为多，有不少甚至是药食同源、同用类。对阿拉伯人来说，混合使用的情况更为普遍，中国有"五香粉"，阿拉伯人有"七香粉""九香粉"。

香料是阿拉伯人日常生活中的重要消费品。在沙特，沉香被人们誉为"香料之王"，几乎是每个家庭不可或缺的常备物品，沙特每年要消费 500 吨各类香料，价值数亿美元。

用到极致

阿拉伯人一直用香料保健防病、强身健体。这得益于中世纪阿拉伯医学的发达。生于公元 980 年的伊本·西拿被称为"中东医圣""阿拉伯医学王子"，甚至被人们称为"世界医学之父"，在他 100 万字的 5 卷巨著《医典》中，记录了 670 多种各类药物和香料的性质、功效、用途，并在对病理学的阐述中，重点提出了针对鼠疫、肺结核、麻疹、天花等传染病，人们如何防治的方法。

现代医学诞生前，阿拉伯人就是运用各类香料和不同植物，来防治各种疾病。直到今天，虽然医学的手段多了，但阿拉伯人的一些观念和传统仍得到保留，并在实践中继续应用。

2003 年非典肆虐中国和这次新型冠状病毒蔓延全球时，不少阿拉伯人用"阿尔格苏斯"泡水喝。查阅阿拉伯语权威百科，阿尔格苏斯有改善和提升呼吸道功能的明显效果和作用，拿来泡水喝，可以扩大肺活量、预防感冒、减少上呼吸道被疾病侵入的机会等。

旧时阿拉伯医生出诊时，都要把衣服熏上浓烈的乳香，认为这样可以消毒。据史料记载，1603 至 1666 年，英国伦敦发生大瘟疫，逾 8 万人病死，这一数字相当于当时伦敦人口的 1/5，然而，伦敦的香料商却不受瘟疫的侵扰，原因是他们时常接触乳香。此外，古埃及人还用乳香做防腐剂。1922 年，考古学家打开图坦卡蒙法老的墓穴，就发现在一个密封的长颈瓶里，散发出一缕乳香的香气，这香气已封存了 3300 多年，仍隐约可闻。

（选自《作家文摘》第 2318 期）

爆米花的意义

◎ 墨墨知道

对于中国人，爆米花是匮乏时代的零食，是家庭杂粮剩余粮的重要打开方式。爆米花在今天，更让吃成为一种纯粹的休闲娱乐形式。

一种放松的生活方式

美国是世界上爆米花消费第一大国，人均年消费 43 升爆米花。之所以受欢迎，跟其低廉的价格向来是分不开的。上世纪 30 年代大萧条时期，当老百姓节衣缩食时，5 到 10 美分一包的爆米花成了消费者的最爱，在所有行业都备受打击的时候，爆米花的销量在大萧条时期却一枝独秀。

大萧条打击了娱乐业，电影院没人去，不得不靠降低票价来吸引观众，这时影院发现卖票不赚钱，但靠饮料、爆米花等零食却可以赚得盆满钵满。从那以后，爆米花贩售成了电影院的标配，就连很多形象高端的电影院也放下身段，开始放手经营这种利润极高的穷人食物。这个生意到今天都依然成立，被总结为爆米花经济现象。2010 年北美的票房约 110 亿美元，而爆米花就卖了十多亿美元。

对于观众，爆米花是一种放松的生活方式，吃起来意味着随意自在，放下拘谨。共享爆米花成了最亲近关系的体现，所以它成了电影、体育等娱乐业不可缺少的灵魂佐食。而爆米花本身所包含的单纯快乐的含义，也被用来指代无脑作品：爆米花电影。

中式神器诞生于日本

爆米花随着好莱坞电影杀向全球，但爆米花的起源和原理却是个一言难尽的话题。

爆米花的历史悠久。2012 年，科学家在秘鲁北海岸附近发现了距今约 3000 至 6700 年的爆米花和玉米棒残渣，证明了爆米花曾经是生活在此地的人类祖先的主要食物。在美洲，土著最开始是用热沙爆炒或者热沙煨的方式来制作爆米花的。

中国人印象中的爆米花，大多源于同一种专业神器。它一般是由一口小转炉、一个火炉、一个风箱、一个长长的布袋构成。这款神器被称为中式爆米花机，不仅很多中国人认为它源自中国，一些西方人也这样认为，其实是误解。

有人说它是所谓英式爆米花机，但更可信的考证是，它的诞生地是日本，而且诞生得要比西方常见的街头爆米花机晚很多。一个年轻的小学女教师吉村利子于 1945 年发明了这种谷物膨化机。这种有意识的利用食物膨化原理的机器，其初始目的就是为了艰难时期混饱肚子，提升消化效率，造福世人。

爆米花的中西之别

19 世纪末，美国人 CharlesCretors 发明了第一台商用爆米花机，这种爆米花机和中式爆米花机很不一样。它们其实是借助了相同的原理，但使用了不同的玉米原料和方法。

中式爆米花使用普通玉米或其他谷物，加热使得玉米粒中的水变成蒸汽，再加上高温和密闭，容器罐内的压力很高。当突然打开盖子，玉米外部的气压突然下降，而玉米内部的高气压就会"炸破"外皮，将玉米崩成花。所以中式爆米花的诞生从来离不开这一声地动山摇的巨响。

西式爆米花的原料是特殊品种，它们是爆裂玉米，比普通玉米粒小，外皮更坚硬，密封性也更好。因为颗粒小，不需要太长的时间就可以炒熟。因为其外皮坚硬而且密封性好，蒸汽难以逃逸，就在种子内形成高压。每一颗玉米就是一个炙热的小转炉。当气压积累到一定地步，玉米外皮难以承受时，自己就爆开了。爆开后的玉米"面糊"固化，就成了酥口的爆米花。这种玉米"爆"的效果要比中式爆米花好很多，体积通常能增加四五十倍。

（选自《作家文摘》第 2338 期）

嗜甜进化史

◎ 艾栗斯

蜂蜜时代：祭祀的食物

人类一出生就嗜甜，从人类社会早期起也就开始了对甜味的追寻。西班牙瓦伦西亚附近的阿黑涅洞窟残存距今 12000 年前的壁画，其上就描绘了人们冒着危险在悬崖上采集野生蜂蜜的图景。而人工驯化蜜蜂的历史，从古埃及考古遗迹的象形文字上推断，也有 4000 多年历史。最早的甜点自然也与蜂蜜有关。

人类花了上千年才弄清楚蜂蜜与花之间的关系，在此之前蜂蜜作为"从天而降的馈赠"，就成了要献奉给神的祭品。农业文明出现以后，集体盛宴的重大时刻往往少不了谷粉、牛羊奶和蜂蜜，以及谷物与蜂蜜混合而来的甜点的祭祀。在埃及第二王朝的陵墓（距今约 4800 年）中，英国考古学家发现了被装在陶器里的祭祀菜肴遗迹，据推断是无花果蜜饯与蜂蜜小圆饼。

古希腊罗马人眼中的蜂蜜也因为神秘而备受尊崇。希腊语的女祭司被称为 melissa，和希伯来文 deborah 一样，意思都是"蜜蜂"。很自然地，希腊、罗马的甜点里也少不了蜂蜜的调味。按照柏拉图的说法，最早的希腊甜点来自卡帕多家人泰阿里翁以面粉和蜂蜜制成的糕点，时间约在公元前 475 年。古罗马人阿必修斯记录的一道古罗马甜点是："将胡椒、松子、蜂蜜、芸香以及淡黄色的葡萄酒捣在一起，加上奶及面团，若干个蛋一起烹饪，食用时淋上蜂蜜撒上辛香料。"另有一道古罗马人喜爱的小吃"含蜜芝麻麦包"。罗马之后的拜占庭人酷爱一种名为"grouta"的甜品，它以小麦糊烤熟而成，同样加入了大量蜂蜜。

蔗糖时代：富裕社会的象征

各色甜点随着罗马帝国的分崩离析也散落四方。中世纪的甜点在很长一段时间都没有什么特别值得一提的，直到 11 世纪他们从阿拉伯人那里得到了糖。糖是糕点师施展魔法的一大法宝，它能干扰蛋白质凝结、软化面筋结构，使糕点在甜蜜的同时有的如乳霜般丝滑，有的则十分酥脆。

植物糖的第一大来源莫过于蔗糖。印度人早早开发出炼糖技术，也将炼榨出的暗色结晶加入他们的糕点里。随后蔗糖种植及制糖技术一路西传，在公元 6 世纪左右的波斯人那里，甜品"宝石饭"上撒满晶莹的糖粒。7 世纪的阿拉伯人征服了波斯人，获得土地的同时也获得了糖，在阿拉伯人手中，糖和杏仁有了奇妙结合，著名的甜点杏仁膏就此诞生。阿拉伯人把这些甜蜜带往了北非、叙利亚，最终到达欧洲的西班牙和西西里。

和其他来自异域的香料一样，欧洲人最初将糖作为药用，最接近甜点的用法也不过是一些糖渍水果。阿拉伯厨师的杏仁膏和糖雕技术影响了欧洲，让他们见识到了蔗糖出色的可塑性，甜点的种类也大大丰富起来。甜点在贵族的餐桌上代表了一种炫耀性的消费。

接着是文艺复兴的甜点爆发时期，砂糖在航海贸易下供应量大增，同时新世界传来的可可、咖啡、香草荚等新奇材料又大大激发了糕点师们创新的热情。诞生于 15 世纪的千层皮酥、泡芙面团；诞生在 16 世纪的杏仁奶油馅、布里欧许奶油圆球，都是富裕社会的产物。

启蒙时代：甜点大众化

欧洲启蒙时代是属于蛋糕的时代，人们不仅心智得以开启，舌尖上的美味也受到源源不断的启发。1739 年的巧克力糕点、1755 年左右的玛德莲蛋糕、1815 年的舒芙蕾、1857 年摩卡咖啡蛋糕……甜点自此开始向大众传递出幸福感的信号。

但对于玛丽·安托瓦内特而言，甜点却是死亡的催命符。在法国大革命局势紧张的前夜，玛丽皇后的一句"没有面包吃的穷苦百姓何不吃布里欧许"，无疑是对民众的愤怒火上浇油。一道法式甜点就这样留名历史中。布里欧许是一道由面粉、奶油、鸡蛋、酵母做成的糕点，依据原料的多寡，不同阶层的布里欧许味道也大不相同。与法国大革命联系起来的甜点，似乎预示着自己和贵族一样，即将走下神坛——甜点的大众消费时代即将拉开帷幕。

糖的进一步普及使得甜点更能为普通人所消费。以英国为例，从 1700 年到 1780 年短短 80 年间，英国的人均用糖量翻了两番。这些糖的去向除了被加进下午茶，以及伴随着茶一起消费的糖渍水果，还有大量的甜点。在 18 世纪的欧洲，关于甜点的专门菜谱曾颇为流行。

另一方面，更廉价的新型甜味剂也登上了食物历史舞台，1747 年，普鲁士化学家发明了用白兰地萃取白甜菜糖晶的方法。从 1900 年到 1964 年，全球糖业产量增长了 7 倍。甜点成为人人都能享受的美食。

（选自《作家文摘》第 2291 期）

印度食物很糟糕吗

对印度食物的最高误解，就是认为所有的印度食物都是热辣的。事实并非如此，虽然香料被广泛用于印度烹饪，但它们并不会使所有食物都变得辛辣。而印度菜中大量使用姜黄、姜、大蒜和绿辣椒等调料，还有一些药用价值，在不知不觉中为人的身体增强了免疫力。

在印度电影《摔跤吧爸爸》中，两姐妹吃的脆球饼令观众馋涎欲滴。这种原名 PaniPuri（Pani 是一种酱汁，Puri 是脆饼）的食物，是印度街头最受欢迎的国民小吃。

脆球饼由两部分构成。外面蠢萌的金色"飞碟"用小麦粉做成，擀好的面皮往油锅里一炸，没过多久，就会像打了气一般鼓成空心的气团。给"飞碟"戳上个小口，内部可盛上自制的土豆沙拉，最后舀上一勺秘制的绿色汤汁。

一种类似薄荷的清凉、水果的甜腻、柠檬的酸爽、芥末的刺激，汇成的酸甜辛辣，被牢牢地裹在薄脆的"壳"里，一口下去，在舌尖炸开的一瞬间，调皮地在口腔内部四处弹跳打转，令人回味无穷。

还有长得像砂糖橘一样的糖果，名叫拉杜球，它在印度影片中也反复出现。比如《摔跤吧爸爸》里边，邻居喜得儿子，特地在男主面前秀了一拨拉杜球；男主为了给女儿争取一块专业的摔跤垫，送了当地体育局的政府官员一盒拉杜球。

在影片《印式英语》中，导演对貌不惊人的拉杜球有着超乎寻常的偏爱。女主是个家庭主妇，制作拉杜球的手艺远近闻名，它常用鹰嘴豆粉、砂糖、印度奶油、坚果、椰丝等材料制成，不同的品种有其独特的外观和味道，食用于重要的场合和节日，如婚礼、生日、开斋节、排灯节等。

众所周知，咖喱发源于印度，这份独特的气味传承了千年，是印度饮食文化里面不可多得的风味。咖喱并不单指某一种特殊香料，而是由许多种香料，根据不同的比例，混合一起调配而成。最初用作祛除羊肉的膻味，味道浓烈而用料大胆，艳丽的色泽更是灵魂所在。

根据不同香料的不同排列组合，它们或辛辣中带着点甘甜，或酸爽中夹杂着椰汁的香气，没有什么难吃的食物是淋上一勺咖喱酱解决不了的。刚出炉的馕色泽金黄热气腾腾，口感柔软筋道，最正宗的吃法是扯下一小部分蘸点咖喱酱，或者菜汤，其中滋味柔韧而富有层次。在电影《神秘巨星》里，女主尹希娅的母亲会做世界上最好吃的馕。

中国饮食讲究色香味俱全，作为美食大国的印度自然不遑多让，刺鼻的香气，浓郁的味道，神秘瑰丽的颜色，无不充满浪漫主义色彩。不要因为偏见，而辜负了世间这诸多的美食。

（选自《作家文摘》第 2292 期）

橡木桶的味道

◎ 王露露

　　曾听一位葡萄酒业资深人士说："中国葡萄酒庄大多进口法国和美国橡木桶，法桶比美桶贵。国产酒中，橡木桶香味比例占到百分之七八十；而国外最多只占 50%，少了对酒的人为干预。橡木桶烘烤后有浓重香草味，带给葡萄酒烟熏、肉桂、焦糖的香气。"

　　法国橡木桶品质有口皆碑，这要归功于优质橡树。法国农村，橡树遍野，耸立云天，橡树承载着几百年的乡村习俗。新人栽种十几棵橡树，为 20 多年后儿女结婚做准备。20 多年的木材能做房梁、打家具。入农家，衣柜、橱柜、门板、地板，悠悠橡木香飘出。橡树用不完，再接着长，于是就有了几百年的老橡树。当年，流放马车驶过枫丹白露，拿破仑曾面对遮天蔽日的野生橡树林潸然泪下。

　　巴比松主街石墙镶嵌的马赛克壁画，橡树是永恒的主角，《狂风中的橡树》《干草车》《牧鹅女》《蒙特芳丹的回忆》《播种者》……定格了法国橡树的百态千姿：天空灰云飞滚，橡树高硕而神秘，巴黎郊外的麦草垛、奢靡的王宫贵族、天地间劳作的农者、风起时的牧羊女……构成 19 世纪法兰西市井生态，通俗、生动。橡树缺席，便是法国文化史的空缺。

　　在法国，一只橡木桶发酵 60 加仑酒，通常仅用 3 次。废弃后，酒农把它们移到室外做装饰，或拉到旧货市场廉价出售，当地人通常买回去做盆栽。

波尔多以东有个橡木桶小镇，弯曲街巷堆砌着形态各异的废弃酒桶，有三五只躺着堆叠的，还有一劈两半、栽满鲜花的。路边，葡萄园错落有致，果实垂挂。这方美艳却又素简的酒文化景观，仿若来自工匠的创意。许多餐馆门口也会用老酒桶装饰，光照雨淋，橡木灰暗，苍苔生翠，桶边搭配一只高大粗硕的酒瓶，彰显葡萄酒的沿革。

法国露天集市五花八门，而勃艮第、波尔多、香槟等酒区的旧橡木桶市场最拉风，各路人马不分国籍、种族、阶层，都挤在拥塞的橡木桶市场，操着或流利或蹩脚的法语，询问桶的制造工序、年代，一只只新桶和旧桶被人们抬上中小型卡车。下午收市，桶全部售罄。

在波尔多以东 100 公里的蒙巴兹雅克酒庄，我走访了一间橡木桶作坊，看工匠如何将一棵馨香四溢的橡木劈成 32 根木条，打造成表面有特定几何线条的曲面，再将木条组装、拼合，然后进行轻度、中度或重度烘烤，以满足各类酒酿制所需香氛。

在西班牙阿尔罕布拉宫外的格拉纳达老城，选家铺子，坐高凳，橡木桶当桌，一杯安达卢西亚干白，清爽馥冽，沉淀摩尔人的盛世与衰败。

（选自《作家文摘》第 2296 期）

澳门的"葡国菜"

◎ 郭晔旻

按照当时的定义，父母必须任何一方是葡萄牙人（通常是父亲）才被认为是澳门的"土生葡人"。

在许多比较小的餐馆，人们可以同时预定葡萄牙鸡和中式炒面，有些本地小饭馆则以这种方式把各种食物混合起来制饭。久而久之，"土生葡人"的饮食习惯甚至可以"用筷子吃牛排，用刀叉吃米饭"来形容了。

"土生葡国菜"顾名思义，终究是从本土的"葡萄牙菜"移植而来。比如著名的"葡式蛋挞"，其实也是由英国人将葡萄牙蛋挞带到澳门，并改用英式奶黄馅并减少糖的用量后，才演变成为闻名世界的澳门美食。

葡萄牙面积仅 9.2 万平方公里（相当于浙江省），人口至今只有 1000 多万（不到浙江省的 1/5），但却是世界上鳕鱼消费最多的国家，葡萄牙人把鳕鱼称为"最忠诚的朋友"。

16 世纪的葡萄牙渔人捕获鳕鱼后，将鱼直接埋于盐堆里，经过数月以上的航海时间，辗转运至澳门。那时，鱼肉已被腌至咸涩，其浓重的咸味使澳门华人称其作"葡国咸鱼"。而葡萄牙人自己则将其叫作"马介休"。由于葡萄牙人喜欢在用餐的时候佐饮一些葡萄酒，"马介休"咸鱼重口味的特质及其独特的香味，恰好成了做下酒菜最佳的食材。

在澳门"葡国菜"的食谱上，"马介休"同样也是当之无愧的明星。马介休薯茸汤、热蒜橄榄油烧马介休、白烩马介休、鲜什菜烩马介休……

澳门"葡国菜"与日式料理之间也有一些渊源。如今被视为日本料理代表的"天妇罗（用海产或蔬菜裹上淀粉浆油炸）"其实就是来自葡萄牙语"Tempura（意为'调味'）"的音译。澳门"葡国菜"中有名的"免治"也与日本有关。

"免治"（Minchi）一词，来自英文"Minced"的讹音，指剁碎或绞碎，此菜式其实源自印度，原本只是用猪肉作材料。来到印度的葡萄牙人在烹饪这道菜肴时改用牛肉，为的是将自己与不吃牛肉的印度教徒区分开来。后来，葡萄牙人将"免治"带到了日本，也传入了澳门。有趣的是，在澳门食用"免治"时，配菜是一个煎蛋。这个做法，原本也是 17 世纪在日本的葡萄牙天主教徒辨别身份的方式。

当然，所谓"近水楼台先得月"，相比日本料理，中国菜对于澳门"葡国菜"的影响自然更明显一些。比如澳门"土生葡人"妇女分娩后，保姆或者亲戚会给她准备黄姜粉鸡，这道菜是十分明显的中式菜肴，由鸡蛋和姜做成（黄姜可以祛风）。

澳门"葡国菜"里的招牌菜"葡国鸡"同样有着中国菜的渊源。澳门的土生葡人厨师，首创性地融汇了中式烹调鸡的烧法，融入东南亚的香料，最后用西式烹调的烤法制成，再配以来自印度和马来西亚的咖喱和椰子，与典型的葡萄牙风味的橄榄等食材，缔造出了这款地道的澳门美食。

这恰是澳门"葡国菜"的一个缩影。明清时期的澳门因历史的机缘成为中西饮食文化交汇融合之窗。随着历史的变革和中西文化的交流，澳门"土生葡人"的饮食文化日渐偏离葡萄牙本土，带有明显中西合璧的澳门饮食文化逐渐形成。

（选自《作家文摘》第 2297 期）

金枪鱼如何成为餐桌美食

2016 年联合国将每年的 5 月 2 日确定为"世界金枪鱼日",保护金枪鱼资源的可持续发展。蓝鳍金枪鱼作为世界顶级海鲜食材,近些年一直受到市场的热捧。

20 世纪 50 年前,美国加州圣迭戈市被誉为世界金枪鱼之都。

早在 20 世纪初期,随着美国餐桌上腥味浓重的沙丁鱼让位于细嫩的长鳍金枪鱼白肉,圣迭戈迎来了金枪鱼产业的黄金时期。这一时期,金枪鱼捕捞成为圣迭戈最大的产业之一,围绕捕捞、罐装和销售金枪鱼的从业者达 4 万多人。两次世界大战和大萧条时期,金枪鱼三明治成为每个美国小学生饭盒里的标配。"蜜蜂"和"海底鸡"是家喻户晓的金枪鱼罐头品牌。

直到 20 世纪 80 年代,圣迭戈的金枪鱼产业才逐渐转移,如今所剩遗迹就只有美国金枪鱼船协会总部和一尊铜像了。

色泽粉红、口感丰腴、入口即化,这些形容词都是美食家们赋予金枪鱼大腹的殊荣,肥润的金枪鱼大腹,从古罗马时代起,就是知味者眼中的珍馐。金枪鱼的美味,来自于它体内丰富的氨基酸。谷氨酸是一切鲜美的来源,甘氨酸则承包了鱼肉中甘甜的滋味。

一整条金枪鱼,部位不同,口感也十分多样。鱼腹部分最肥润,是鱼肉界至高无上的美味;鱼背瘦肉多,柔韧劲道,从前不被重视，但随着饮食健康的理念盛行，鱼背也收获了无数吃货的味蕾。

　　金枪鱼的处理方式，也是促成高价的因素之一。体型硕大的金枪鱼，被捕捞上船后，往往在第一时间就被打断脊骨，立即死亡。这个过程听起来十分残忍，但也是保证金枪鱼肉美味的关键。

　　　　　　　　　　（选自《作家文摘》第 2255 期　魏虓等文）

中国啤酒地图

◎ 葱岭巍

目前关于中国人接触到啤酒的最早记载是美国人威廉·C·亨特留下的，此人曾在中国广州一带工作谋生，后来出版了两本回忆录。

在回忆录中亨特曾提到了这样一件事，1831 年他与中国朋友一起聚餐，这顿饭的餐桌上就有啤酒。餐后，他的中国朋友在写给友人的信中，专门对啤酒进行了简要介绍，说啤酒是一种红色的液体且会起泡。

最早记录下啤酒口感的中国人是一个叫张德彝的晚清旗人。1866 年，张德彝跟随斌椿出访欧洲，有幸在比利时喝到了当地产的啤酒。他在自己撰写的《航海述奇》一书中记下了自己喝啤酒的经历，其文曰："其色黄，味极苦，容半斤许，有酒无肴，各饮三杯。"

张德彝称呼啤酒为"必耳酒"。晚清外交家郭嵩焘在光绪初年出使英国期间也喝过当地的啤酒，他在日记中将啤酒称为"皮爱"。无论是"必耳"还是"皮爱"，都是对"beer"一词的音译。

目前史料多认为，中国人自己开办的第一家啤酒厂是创建于 1914 年的东三省啤酒厂。

华北也是中国民族啤酒工业起步较早的地区，张廷阁、郝升堂于民国初期创办的双合盛啤酒汽水厂，是中国最早的民族啤酒企业之一，其所生产的五星啤酒曾是享誉老北京的名牌。

青岛啤酒诞生于 1903 年，当时英德两国商人合资，在青岛创办了英德酿酒有限公司，青岛的啤酒文化由此肇始。

1911 年，德商在江宁路处设立顺和啤酒厂，是上海最早的啤酒生产厂家，生产"UB"黄啤，故被市民习惯称为上海友啤啤酒厂。

1832 年创办于广州的怡和洋行，是一家著名的老牌英资洋行，1843 年怡和洋行在上海设立分行，亦是首家在上海开设的欧洲公司。怡和洋行在上海杨树浦地区先后开办了怡和纱厂、怡和啤酒厂等。

中国各地都曾建有大大小小的啤酒厂。

在西北五省，宁夏银川的西夏、甘肃兰州的黄河与青海的青海湖、新疆乌苏的乌苏等，这些啤酒口感劲冽，一口闷下肚中，酷感十足。

在雾气蒸蒙的山城重庆，就着重庆啤酒，吃小面，涮火锅；在川中锦城成都，一边啃着兔头，一边吃着担担面，一边再叫上两罐紫啤，在边吃边喝中思考人生；在四季如春的彩云之南，可以一边喝着澜沧江、品着大理 V8，一边饱览苍山洱海的秀色；在多彩贵州的苗寨侗乡，你可以一边品尝着高原、瀑布、乔纳斯牌啤酒，一边慢慢欣赏黔中的别样风光；在雪域高原西藏，喝着风味独到的青稞啤酒，便能感受着高原人特有的坚韧和豁达；在八桂大地喝着漓泉鲜啤，欣赏秀甲天下的广西山水……

（选自《作家文摘》第 2260 期）

本帮菜的身世沉浮

◎ 郭晔旻

自从 1843 年上海开埠以来，全国各地的饮食业经营者及厨师们，纷纷来到上海，开设或经营菜馆、酒楼、饭店，五湖四海各大菜系佳肴，荟萃于沪上。

最先在上海滩崭露头角的是"徽菜"。早期徽菜馆在沪上饮食业中的显赫地位，和当时徽州人的经商势力发达是有密切联系的，"徽州人在买卖中占了上风，吃食方面也颇考究"。但徽菜讲究"重油、重色、重火功"，菜式临端上桌时，还浇上一层油，浮在上面。上海虽说是个"街头巷尾皆吴语，数祖列宗半外乡"的移民城市，终究以邻近的苏南、浙江裔居民为主体，并"不像徽州人那样欢喜吃油"。

然而，苏浙菜也未能近水楼台先得月。宁波人占近代上海市民来源的相当大的比例，但甬菜馆在沪上却始终未曾与宁波人的势力相称。如时人所说："宁菜汤的容量太多（俗称宁波汤罐），腥味太重，所以外帮人难以下箸，便是本帮人寓居上海久了，也不喜食……"

结果，取徽菜而代之的是粤菜和川菜。粤菜走的是高端路线，上海的高级粤菜馆装潢奢华，为其他各帮之冠。至于川菜的流行则与两次战争有关。第一次是 1927 年北伐军进入上海，由于北伐军中西南川、黔、贵一带人较多，上海的川菜馆也就相应发展较快。

到抗战胜利之后，习惯了重庆口味的党国大员们纷纷返回南京、上海，一时间川菜风行上海滩。当然，为了迎合沪上食客的口味，这些川菜馆的川味大减，"今则不过六七成耳"。

实际上，从开埠到抗战胜利，在上海滩餐馆唱主角的几乎都是客帮菜。但本地人也不是不会做菜，松江人宋诩在明代弘治十七年（1504）写成的《宋氏养生部》一书中，记述了当时松、沪地区的菜点，其中有"酱烧猪"（红烧肉）、"粉蒸猪"（粉蒸肉）、"糟鸡""烧鸭""烹河豚""油炸虾""油炒蟹""糊膳""田鸡""汤川桂鱼""炒螺丝"等，与苏州、无锡一带的农家菜颇为接近。

至于如今所说的上海"本帮菜"的源头，可以追溯到清代的同治年间。说起来，它实在是出身低微，早期的本帮菜馆多是由小饭摊发展起来的。这些小饭摊面对的消费人群非常"草根"。到这里来就餐的，大多是一些小商小贩、车夫苦力等劳动大众。他们就餐的要求并不高，花几个小钱，图一个方便，主要目的不是要吃得好，而是要吃得饱。这些小饭摊正合他们的胃口，菜肴价格便宜，点菜也是普通的咸肉豆腐、清黄豆汤、清蛋汤之类。由于这些体力劳动者每日劳作流汗多，需要补充大量盐分，故而口味偏重，也就形成了本帮菜所谓的"浓油赤酱"的特色。

同治年间，在上海县城旧校场街上，也就是城隍庙西首附近，出现了一家典型的经营本帮菜的夫妻店，虽说大名叫作"荣顺馆"，其实店堂内只有三张方桌，做些炒肉百叶结、咸肉豆腐、咸肉黄豆汤之类的大众化菜肴。

张氏夫妻勤苦经营，将汤肴饭菜做得口味鲜美，小饭店的顾客日益增多，生意越来越好了。日子一久，人们就将它称为老荣顺了。这家老字号的本帮菜馆，就是如今有名的本帮菜馆"上海老饭店"（1964 年命名）的前身。

上海的本帮菜馆最初只是下层人们就餐之所，直到 20 世纪 30 年代，才逐渐摆脱了"下里巴人"的刻板印象，连菜名也变得雅致起来。如广东人汪精卫最欣赏的上海菜就是凤尾虾、松鼠鱼和美人肝，仅听菜名就觉精致。其实，美人肝是鸭胰白：取鸭胰白经过开水漂，冷水浸，去臊筋，再加鸡脯肉辅佐，鸭油爆炒，做出的美人肝白里透红、娇嫩鲜脆，令人遐想联翩。

（选自《作家文摘》第 2198 期）

无所不能的蘑菇

◎ 三木

时尚界的宠儿

荷兰设计师阿尼艾拉希望能研制出环保的微生物纺织品，以减少资源浪费和环境污染。她用一周的时间，用 350 个培养皿培养了一大群蘑菇菌丝，制成了一件"蘑菇衣"。阿尼艾拉用的蘑菇菌丝不携带任何孢子，因此这件蘑菇衣不会疯长，看起来还非常时尚，同时具有抗菌、护肤的功效。这种衣服不需要缝纫，它们能自动黏合在一起，破了还能自我修复，如果不想要了还可以自行降解。

中世纪，"蘑菇皮革"制作技术在欧洲的许多国家开始普及。21 世纪，这项技术得到了复兴，手工业者用寄生在亚热带树木上的大型蘑菇研制了"生态皮革"，这种"透气的皮革"已经被用来制作帽子、鞋垫、皮带、首饰、钱包和首饰盒等。

被玩坏的染料

在文艺复兴时期，意大利木工发现可以从长在树上的绿色和蓝色的蘑菇中提取染料，以染制家具、羊毛和丝线。

美国画家、雕刻家米莱阿姆·赖伊萨被认为是蘑菇染料的创始人。上世纪 60 年代，她通过实验成功从灰黄色的簇生黄韧伞菇中提取到了亮柠檬色的颜料。此后，她便开始收集蘑菇染料，于 1974 年和插画家多萝西·毕比出版了《让我们用蘑菇增色》，上世纪 80 年代她又出版了《多彩的蘑菇》。

此外，蘑菇染料在一些国家被用来给米、肉、鱼、调料、酱油和酒精饮品等食物上色。很多蘑菇的色素是一种新型的天然食用色素，安全且无毒。

生态建筑材料

毕业于美国伦斯勒理工学院的埃本·拜尔一次在森林里散步时发现，长在树上的蘑菇牢牢地黏结在一起，便萌生了一个想法：用菌丝体代替建材黏合剂。他还发现，将秸秆、谷物壳和棉花种子的外壳等农业废料，和蘑菇的菌丝体混合在一起，可以制成一种新型生态建材。

随后，荷兰设计师莫里吉奥·蒙塔尔蒂也将菌丝体和秸秆、干草、树枝混合，制成另一种新型材料，可以制作盘子、家具、包装箱、沙发套、冲浪板、椅子和灯罩。

用蘑菇菌丝制作的新型生态建材耐高温、防潮、降噪、防弹、轻盈、寿命长，最重要的是其生长速度是树木的几千倍，并可以在几个月内自行降解。2014 年美国纽约现代艺术博物馆用一个夏天的时间用"蘑菇砖"建了一座塔楼。研究表明，蘑菇菌丝的黏合力不亚于建筑材料上使用的化学黏合胶，且这种生态合成材料不会吸引昆虫和啮齿动物。

（选自《作家文摘》第 2200 期）

飞机餐的花式心机

◎ 洪白岚

根据国际旅行餐饮协会的报告，飞机餐已成为乘客在选择航空公司时排名前三的考虑因素。航空公司各出奇招，让"牛肉面还是鸡肉饭"这句话尽早成为历史。

我要牛扒、龙虾和蒸鱼

新加坡航空公司推出一个叫作"食全时美"的全新中式餐膳，一共有九道菜，头盘、沙拉或汤品、主菜、甜品或水果、茶啡等，一道道慢慢上，至少吃上一个半小时，大抵等同在高级餐厅用膳。其中最让客人感到贴心的一点，应该要数在菜单中加入汤水和甜品，这让干燥的机舱旅程感觉滋润多了。

香港航空的商务客舱部分航线也会给你惊喜。例如美国 – 香港的往返途中，你可能会遇到高端的龙虾、鲍鱼、鹅肝，也可能遇到接地气的港式叉烧煎蛋饭。廉价航空公司的飞机餐算是主打特色，其中以日本的乐桃航空做得最出色。他们将总部大阪的关西美食带上半空，有名的章鱼小丸子跟明石烧，都在其餐牌出现。

任牛扒、龙虾多美味，经常被网友夸赞的始终是新加坡国菜海南鸡饭。同样是新加坡航空公司，从香港飞或新加坡飞，食味、口感大不同——从香港"飞"的鸡肉带骨偏肥，口感较

非常食谱 ｜ 233

干；而从新加坡"飞"的鸡则柴瘦一些，带点鸡汁，可用作拌饭。

到底有什么菜式，是目前航空公司做不了的？起初以为是清蒸类，谁知维珍澳大利亚航空在航膳选择中，出奇地有清蒸项目，还是鱼类！为了让这道难得的蒸鱼口味更佳，不要错过维珍澳大利亚航空的空乘为你推介的配餐酒。八款葡萄酒中，有七款都产自澳大利亚。

值得一提的是，法航是全球唯一一家在长途航线上对所有舱位提供香槟的航空公司。

除了国际化的葡萄酒，也有参考客群喜好的个性化选择。像近年亚洲人爱好饮烈酒，亚洲的部分航空公司都加入精选的白酒、威士忌酒品。而国内航线的经济舱大多供应的是啤酒。

卖餐不如卖高富帅厨师

"中东三宝"之一的土耳其航空，素来都爱创先河。据知，最早是他们将厨师带上半空的，专门服务商务舱及头等舱客人。

欧美航线的名厨更是熠熠闪耀——汉莎航空的明星大厨中，有连续38年荣获米其林三星的保罗·博古斯，有"纽约食神"之称的丹尼尔·波路德；新加坡航空的新航国际烹饪顾问团里有新加坡著名美食电视栏目嘉宾梁兆基；新西兰航空则有瑞克斯·摩根，他被评为新西兰"国家厨师"。以美食名声在外的法航还联手"俏江南"共同推出航膳，每三个月更换一次菜单，保证了中餐部分的水准。

而阿提哈德航空在机上专门设立了独一无二的"餐饮管

家"，他们都曾在五星级酒店工作过，如果你不知道该吃什么，就请咨询这些专家。

2018年，香港航空也找来年轻厨师蔡家富为航膳设计菜式，这位师承自地狱厨神戈登·拉姆齐的小伙子，常活跃于香港电视台的烹饪节目中。而国泰港龙航空则选择与高端餐厅酒吧合作推出膳食，例如香港东方文华扒房酒吧、上海的汉舍和富临轩、北京的大董烤鸭店及台北的上海极品轩等。

（选自《作家文摘》第 2215 期）

蒙特利尔的面包圈

加拿大总理特鲁多曾因在议会参加会议时偷吃东西被点名批评。加拿大议会规定，在开会期间议员们只允许喝水，任何饮料以及食物都是被禁止的。当时反对党议员里德说："议长先生，我注意到一些人刚才在自己的位置上吃东西，包括国防部部长、文化遗产部部长以及总理特鲁多，他们似乎在桌子内藏了一个面包圈（Bagel）！"

吃货真是无处不在，被部长们藏在桌子下面的面包圈是蒙特利尔的代表性美食，这是一种与众不同的在燃木烤炉中烤成的面包圈，由东欧的犹太人发明，并由他们带到北美洲。

据波兰克拉科夫市一份 1610 年的资料记载，当地人在妇女生小孩时要赠送她 Bagel 作为礼物。这可能是关于 Bagel 最早的文字记载了。另一个被广泛流传的故事是，1683 年在奥地利维也纳，一名犹太面包师创造出面包圈，并把它们献给波兰国王杨索宾斯基三世，以纪念国王在那一年里战胜土耳其人。传说这名面包师把面包制作成马镫的形状，以纪念这次胜利中骑兵所发挥的关键作用。也因此，面包圈被取名为有马镫意思的"Bagel"。

Bagel 最初只是一团圆形的面包，为了方便携带才做成中间空心的形状。由于它是手工制作，每个面包圈从形状到颜色都不一样。

蒙特利尔面包圈最大的特色就是在烘烤之前先用沸水将成形的面团略煮过。经过这道步骤之后面包圈就产生一种特殊的韧性和风味，其食用方式相当多样，可蒸热，或再烘烤，亦可微波加热。

从中间剖成两个环，在剖面上抹上厚厚的奶酪酱，再配上熏肉、金枪鱼或蔬菜沙拉和一杯加拿大独有的冰啤，便是一顿美味的午餐了。刚出炉的面包圈外皮酥脆，咬破之后，一股混合着面香、蜜香、烤木香和芝麻香的味道充斥于口鼻之间，那种让人温暖的香气确实叫人刻骨铭心。

美国宇航局任务专家格雷格·查米托夫非常喜欢蒙特利尔面包圈，他还把它们带到了外太空。目前尚不清楚飞往国际空间站的 18 个面包圈是真空密封包装的还是干包装的，但相信它们不会在那里停留太长时间，因为它们太美味了。

Bagel 因火烤的特殊香气吸引人的味蕾，却也因其燃烧木材导致的环境污染而引争议，去年，蒙特利尔的两家著名Bagel 店便遗憾地因此关张。

（选自《作家文摘》第 2223 期）

早午餐：有仪式感的休闲

◎ 郑依妮

作为早餐（breakfast）和午餐（lunch）两个词、两顿餐的"合体"，brunch（早午餐）是继三明治和英式下午茶之后，英国人又一项伟大的饮食创新发明。

源于英国上流社会

brunch 最早源于 19 世纪末的英国上流社会。当时有钱又有闲的英国人热衷于在晨间打猎，因此一般在打猎结束后才正式用早餐。这顿"狩猎早餐"，开餐时间大多在上午 10 点至下午 3 点。餐桌上通常会出现鸡蛋、鸡肝、培根、新鲜水果和甜点，足以令打猎归来饥肠辘辘的贵族们吃到满足。坊间还有个说法是，越有地位的贵族，吃早饭的时间就越晚——在他们的观念里，只有农民才会特别勤劳地早起去干农活。

而将这贵族生活方式转化成大众日常的，是发明 brunch 这个词的英国作家盖伊·贝林格。1895 年，贝林格在《猎人周刊》刊登的《早午餐：一个借口》一文中写道："早午餐是愉悦的、可社交的、诱惑的。它能让你感到心情愉悦，并且和朋友聊个不停，它让你对生活感恩和满足，一扫所有阴霾与忧郁。"

上世纪 20 年代，brunch 通过媒体漂洋过海到美国东海岸，最终在禁酒令的"助力"下，被充满商业头脑和投机精神的美国人发扬光大。

代表的是格调

美国人热爱brunch，周末每家餐厅几乎都是满座。"住在纽约上东区的人，最爱周末的brunch。"美剧《欲望都市》里，总会看到4个漂亮女人悠闲地聚在一起，聊着彼此的"本周八卦"。她们在吃什么不重要，吃得漫不经心，显得慵懒而性感，才是一种展示奢侈的新姿态。因为brunch代表的不是食物，而是格调。

美国的brunch"革命"始于芝加哥，这是好莱坞名流和中产精英们进行火车横贯美洲大陆之旅的中点。乘客抵达时寻求精致的早餐，当地酒店乐意提供援助，因为大多数餐馆在周日都不开门。

美国社会学家法哈·特尼卡尔在其著作《早午餐的历史》中指出："早餐和早午餐的分别，在于前者是一个工作日的开始，而后者却是周末的欢颂。"而如今在纽约，越来越多的餐厅开始全天候供应brunch——哪怕在傍晚时分也能吃到。

各国的brunch往往各有千秋：法棍是法式brunch的骄傲，英式早茶注重咸香的肉类，奶甜味的松饼则是美式田园的灵魂，想吃猎奇肉排汉堡就一定要找家地道的澳洲餐馆。中国也有brunch，那就是粤式早茶，以各种点心为主，烧麦、虾饺、叉烧包、肠粉、马蹄糕等，佐餐的饮品必须是茶。

气定神闲的从容

　　brunch 很符合现代都市人的生活状态，人们会选择在周末睡到自然醒，在轻松明快的氛围里，与家人或朋友不赶时间地享用一顿丰盛的美食。这是在快节奏时代气定神闲的从容，其精髓在于"有仪式感的休闲"。

　　brunch 的用餐时间不仅因人而异，不同国家也有所不同。有美食家进行了观察：英国人一顿 brunch 可以持续到下午 1 点；慵懒的法国人在用餐上也慢悠悠的，用餐至下午 2 点；最夸张的是意大利人和西班牙人，一觉睡到下午 1 点，才愿意下床饱餐一顿，索性连下午茶和晚饭一起吃了。

　　但是，当 brunch 成为一种网红现象——餐厅门口排着长长的队伍，brunch 就失去了灵魂。《纽约客》杂志专栏作家萨迪·斯坦恩说：

　　　　把 brunch 当成社交网络炫耀道具的人，毁掉了很多美好的餐馆。对我来说，brunch 的吸引力从来不是拍出好看的照片，提高点赞率。我喜欢鸡蛋和咖啡，我喜欢糕点篮，我喜欢周末唯一一顿饭的节日气氛。我喜欢寻常的小餐厅，在那里我可以平静地阅读周日的报纸，慢悠悠吃上两口薯条，而不会有排成长队的等待就餐者愤怒地盯着我的空盘子。

　　　　　　　　　　　　（选自《作家文摘》第 2235 期）

德国菜，"欧洲的东北菜"

◎ 卫奕奕

"德国国菜"酸菜

提起德国菜，很多人印象里就是烤猪肘、香肠，分量还特别足，跟东北馆子似的。

在烤猪肘和香肠旁边，往往还隐藏着一个配角——酸菜。相比于烤猪肘和香肠，酸菜才是名副其实的"德国国菜"。

酸菜在德国人生活中非常重要，平均每人每年要消耗掉10公斤的酸菜。就算在德国国宴菜单里，也少不了酸菜，默克尔就曾拿酸菜招待奥巴马。

不过在欧洲，酸菜却并非由德国人发明的，欧洲酸菜的历史可以追溯到古希腊和古罗马时期。

公元前5世纪，古希腊"医学之父"希波克拉底认为酸菜有健康的功效。

古罗马作家瓦罗，则在其著作《论农业》中提到过，用盐来腌白菜和萝卜，可将菜长时间保存。

然而在气候温和、物产相对丰富的地中海地区，腌菜并没有成为人们的刚需。倒是生活在更北边的日耳曼人，学习并掌握了腌酸菜的技术，并将它发扬光大。因为日耳曼人生活的地区纬度更高，冬季也更加寒冷，地里就长不出什么东西，再加上古代交通不便，学会腌酸菜就显得特别重要了。

因为酸菜中含有大量的维生素和矿物质，又能长时间保存，也成为大航海时代水手们最佳的"路菜"。

不只是航海，酸菜也成为军队的重要口粮。

拿破仑为解决军队伙食问题，曾重金悬赏口粮的保存方法，这才有了日后的罐头。除此之外，在拿破仑的大军中，一直囤有大量的酸菜，来保障士兵的健康。

就算到了二战时期，纳粹德国士兵的伙食里也还是少不了酸菜。希特勒本人就是酸菜的忠实粉丝，他曾下令要多做酸菜，来给士兵们提供营养保障。也就是从那时起，盟军尤其是英国人开始把"酸菜"当作德国人的绰号。

发酵铸就的美味

为了对抗严酷的冬天，中国东北地区有腌酸菜的传统。德国酸菜和东北酸菜无论是卖相还是口感，都非常相似。当然，两者还是存在一些差别的。

首先是原料，东北酸菜选用的是大白菜，德国酸菜选择的则是圆白菜，也就是卷心菜。

其次在腌制的手法上，德国酸菜会切丝之后再腌制，东北酸菜则是整颗进缸腌制。制作德国酸菜，在切丝之后放入缸中，再将菜丝用脚踩至柔软出水。然后加入盐，还可以再加一些白葡萄酒，将汁水和菜一起转移至容器中发酵。经过四至六周的时间，酸菜就做好了。

在这四至六周的时间里，无论是大白菜还是卷心菜能变成酸菜，最重要的就是乳酸菌的作用。因为乳酸菌能将糖变成乳酸，使菜有了酸味。

对酸有一种挚爱

发酵的酸菜，不仅中国人和德国人在吃，全世界不少国家的人们都离不开酸菜。

比如与东北同纬度的朝鲜半岛，也离不开酸菜。

朝鲜半岛上的泡菜与东北酸菜最大的区别就是配料比较多。除了大白菜之外，还有苹果、梨、海鲜、鱼露等等。

德国人的邻居波兰人也是离不开酸菜的。和德国人一样，波兰酸菜"毕高思"（bigos）也是用卷心菜腌制的，然后加入肉类进行炖煮。

当然，还有很多人会担心酸菜的亚硝酸盐问题，其实这个问题无需多虑。

不管德国酸菜还是东北酸菜，腌制时间一般都会超过一个月。而相关研究表明，在腌制酸菜的过程中，亚硝酸盐含量在2—15天这个时间段是递增的。从15天之后，亚硝酸盐含量逐渐降低，到30天含量已经微乎其微。

德国人对酸有一种挚爱，不仅是酸菜，很多食物德国人都会让它变"酸"。香肠有酸的、牛肉有酸的、面包有酸的、橄榄有酸的，甚至矿泉水也要加入气泡让其变酸……如今，无论从保存还是从营养摄入的角度，酸菜似乎都算不上刚需，但德国人依然将这一口味延续下来。因为，口味的改变是全世界最难的一件事。

（选自《作家文摘》第 2237 期）

三明治的狂欢

提起英国的美食，似乎除了炸鱼薯条，还是炸鱼薯条。但事实上，三明治才是英国人的最爱。

三明治在英国已经成为了一个行业，从业者人数约有 30 万人，超过了农业。因此为三明治搞一整个礼拜的庆祝活动在英国并不为过，毕竟，三明治的确解决了不少英国上班族的午餐问题，不用加热就能填饱肚子是懒人的福利，搭配薯片加可乐据说更能让肥宅们快乐起来。

每年，英国人用在三明治上的花销超过 38 亿英镑，用来购买大约 82 亿个三明治。"三明治继续占据着至高无上的地位。"英国人对三明治给予了高度的评价，"它不再仅限于午餐时间，它的受欢迎程度能够覆盖我们的一整天，从早餐的培根卷到下午茶时分的烟熏三文鱼三明治。"不仅有三角形的三明治，还有卷形的，有热的有冷的，只要是法棍、百吉饼、皮塔饼之类的面包加上馅料。不过，在三明治出现的早期，可没有这么多品种。

英国肯特郡有个小镇就叫 Sandwich，当然这个小镇的中文译名不是三明治，而是桑威奇。

而这种面包夹馅料的"美食"的名字就来源于第四代桑威奇伯爵约翰·蒙塔古。据说蒙塔古是个"敬业"的赌徒，痴迷于打牌。为了打牌时候就餐方便，不愿意下牌桌的他便要求赌场的服务员在两片烤过的面包之间夹上一片牛肉。没想到，蒙塔古的"懒"主意竟然受到了牌友们的好评，大家纷纷向服务员点单要求"和桑威奇伯爵一样"。于是，"三明治"的说法就被叫开了。

关于三明治的由来还有另一种说法，来自于一位为蒙塔古写传记的作家。说是蒙塔古忙于公务，为了英国的海军事业、政治和艺术经常伏案工作，才发明了这样一种快餐。但不管怎么说，都是一个懒癌患者的发明，也确实造福了全世界的懒癌患者。

（选自《作家文摘》第 2239 期）

那些申遗的美食

2020年初，泰国政府申请将著名的泰式酸辣虾汤——冬阴功汤纳入联合国非物质文化遗产名录。

冬阴功汤和罗宋汤、奶油蘑菇汤并称"世界三大名汤"。"冬阴"在泰语里是酸辣的意思，"功"是虾的意思，这道菜通俗来说就是"酸辣虾汤"，泰国本地肥美的鲜虾，配上番茄、香菇、猪肉，再加入浓郁的咖喱、香茅、柠檬叶慢慢地熬煮出来，酸、辣、甜、香全在这一碗冬阴功汤中了。

据悉，18世纪泰国吞武里王朝时期，华人郑信王当政，森运公主生病了什么都不想吃，郑信王就叫御厨给公主做点开胃汤。想不到公主喝了这碗汤之后，通体舒畅，病情减轻。郑信王将其命名为冬阴功汤，并定为"国汤"。

现在，除了冬阴功汤之外，法棍也在准备申遗。申遗成功的那些食物有什么魅力呢？

2010年11月，世界非物质文化遗产名录中首次添入了饮食文化。联合国教科文组织保护非物质文化遗产委员会第五次会议上，"法国美食大餐"，希腊、意大利、西班牙、摩洛哥四国联合申报的"地中海饮食"和"传统墨西哥美食"被批准列入遗产名录。

在随后的一年，土耳其小麦粥也申遗成功。与之前三个入遗项目不同，土耳其小麦粥是名录中出现的第一道具体的菜。

据联合国教科文组织网站介绍，在土耳其，每逢节庆婚礼等重要场合人们都会准备烹制小麦粥。小麦需提前一天在祈祷中清洗，并且伴随着音乐进行研磨。小麦粥的烹饪通常在户外进行，原材料主要有：去壳小麦、肉骨、洋葱、香料、水和油。这些全部放入大锅中，整晚煮熟。

2013年，日本和食和韩国泡菜成功入选非遗。2015年12月，朝鲜泡菜也申遗成功。据报道，朝鲜称他们的泡菜与韩国的配方不同，由于用的辣椒比较少，朝鲜泡菜没有那么辣，颜色没有那么红。

2017年12月，意大利那不勒斯披萨入选非遗。披萨的起源地就是意大利南部的第三大城市——那不勒斯。据《纽约时报》报道，正宗的那不勒斯披萨制作时要将面饼抛向空中，这可以说是一项绝技，目前当地约有3000名披萨师傅传承着这一技艺。

对于那些入选非遗的食物，联合国教科文组织在其网站给予了官方评述。

法国美食大餐：一种社会习俗，用于庆祝个人或团体生活中最重要的时刻。传统墨西哥美食：墨西哥传统美食是集农业生产、仪式活动、传统技能、烹饪技术以及传统社会习俗与礼仪为一体的文化表现形式。土耳其小麦粥：通过代代相传加强了人们对社区的归属感，强调分享的理念，有助于推动文化多样性。日本和食：一套关于准备与享用食物及尊重自然的综合技巧、知识和传统。关于和食的基本知识和技术，会通过一家人共同进餐而传承下来。韩国泡菜：泡菜构成了韩国膳食的重要组成部分，超越了阶级和地区的差异。泡菜的集体做法拉近了家庭成员间的距离。

（选自《作家文摘》第 2242 期　沁涵等文）

鹅肝酱，法国人的"年夜饺子"

◎ 史利平

　　如果说中国人过春节必吃饺子，美国人过圣诞节必吃火鸡，那么法国人迎接新年的餐桌上必不可少的美食就是鹅肝酱。鹅肝酱是被欧美人称为"世界三大美味之一"的菜品，也是法国人提起来便垂涎三尺的"国粹"，也是需要你在优雅的环境中静心品尝的高级料理。

　　鹅肝酱虽然叫"酱"，却不是调味料，而是在餐桌上能唱大戏的角色。据说它被加热到35℃时的味道最美，入口即化，松软嫩滑的口感令人沉醉。具体的吃法多种多样，最传统的是做成前菜：切一块鹅肝酱放在一小片烤好的面包上，再涂上无花果的果酱，搭配着略带甜味的贵腐酒或充满气泡的香槟酒，鹅肝酱的肥美滋味和入口即化的细腻被释放得淋漓尽致。

　　另一种做法是把鹅肝酱当主菜：无需过度烹饪，只要切成厚片，用少许油快煎，再倒上一点波特酒或白兰地酒调味，最后撒上少许盐和香料即可。成菜后的鹅肝酱表面焦黄，散发着浓香，内部则细腻柔滑。如果搭配鲜嫩的菲力牛排和些许松露薄片，就变成了法餐中非常知名的一道主菜——罗西尼牛排。

　　人类食用鹅肝，有记载的历史超过了4500年。虽然鹅肝作为美食是被法国人发扬光大的，但其诞生地却在埃及尼罗河流域。几千年前的尼罗河沿岸是野生鹅、鸭迁徙的通道。埃及人发现，每年在迁徙季节捕获的鹅和鸭都格外鲜美，尤其是其肝脏的味道令人赞叹。原来，为了完成漫长的迁徙旅程，这些禽类总是在出发前暴饮暴食，在肝脏堆积脂肪，以储备足够的"燃料"，这正是鹅肝、鸭肝美味的原因。

为了更好地食用，人们开始饲养家禽。在古埃及的萨卡拉大墓地里就绘有奴隶养鹅的壁画；到古罗马时期，鹅肝已经成为贵族们的重要美食。

16世纪左右，随着玉米作为饲料传入法国，人们开始大规模饲养家禽。制作鹅肝酱的技术也在法国的阿尔萨斯地区和西南地区流传开来。由于西南地区（波尔多一带）非常适宜种植玉米，因此成为著名的鹅肝酱之乡，这里生产的鹅肝酱当时占到法国总产量的70%左右。

18世纪晚期，阿尔萨斯省长向法王路易十六敬献了一个匠心独具的鹅肝酱蛋糕。国王非常喜爱这份礼物，将其称为"朕之佳肴"。鹅肝酱从此名声大噪，作为高级食材被世人所知，并与鱼子酱、松露一起被欧洲人推崇为"世界三大珍馐"。到了19世纪，无菌罐头的发明使鹅肝酱在全世界广泛传播，征服了更多食客的味蕾。

准确地说，鹅肝酱应叫作"肥肝"，法语为 Foie Gras。在法国饮食文化中，这个名称特指经过人工填喂的、肥大的禽类脂肪肝，一般包括鹅肝和鸭肝两类，而中国人却笼统称之为鹅肝酱。

事实上，鹅肝酱不仅好吃，也具有药用价值。研究显示，它富含铜、卵磷脂、脱氧核糖核酸等，可增加人体内酶的活性，降低血液中胆固醇水平。这也让那些既想保持健康，又想饱口腹之欲的现代人多了一个放心吃鹅肝酱的理由。

鹅肝酱在法国几乎就是圣诞节和新年的代名词。据调查，93% 的法国人认为它是高端美食，每人每年至少要消费一次，而新年期间则会消费掉一年 2/3 的鹅肝酱。目前，全球 80% 的鹅肝酱都是法国制造的。2006 年，鹅肝酱还被列入了法国美食文化遗产。

（选自《作家文摘》第 2120 期）

活色生香的胭脂鹅脯

◎ 王吴军

　　《红楼梦》这部书中的美食可谓是琳琅满目，美不胜收，其中就有一道名为"胭脂鹅脯"的菜肴。

　　书中有一个唱戏的女孩子，叫芳官，是从苏州买来的。一个小小的戏子，在美女如云的大观园里，却偏偏深得宝玉宠爱。在《红楼梦》第62回"憨湘云醉眠芍药裀，呆香菱情解石榴裙"里，厨娘柳嫂给芳官做了一顿丰盛的饭菜，是两菜一汤外加饭后甜点的套餐：一碗虾丸鸡皮汤、一碗酒酿清蒸鸭子、一碟腌的鹅脯、一碟四个奶油松瓤卷酥，还有一碗热腾腾碧莹莹的绿畦香稻粳米饭。这腌的鹅脯就是胭脂鹅脯。

　　要说起来，柳嫂非常懂得投芳官之所好，专门给她做了她的家乡菜，因为胭脂鹅脯大概就是苏州菜。虽然菜尽是好吃的，可芳官却说："油腻腻的，谁吃这些东西！"她只将汤泡饭吃了一碗，单单捡了两块腌鹅，就不吃了。但这顿饭让见过世面的宝玉都赞不绝口，还把细节告诉袭人和晴雯，惹得二人好一阵的嫉妒。

　　芳官虽是大观园里的女戏子，但与宝玉关系甚好，这就显得她地位之特殊。柳嫂给芳官送好吃的，显然也是看到这一点，后来也说了，就是为了托芳官把女儿五儿送进大观园，给宝玉做丫头。此等闲话不提，单说在那么多好吃的美食当中，芳官为何单单选了两片胭脂鹅脯呢？真是耐人寻味。

胭脂鹅脯是一道凉菜，夏天一般要腌两至三天，风味独特，吃的时候，这道凉菜应该最先上桌。顾名思义，鹅脯就是鹅的胸脯，肉嫩而丰。胭脂就是胭脂色，因煮制鹅脯时加入红曲米粉而将鹅肉染成胭脂色，使得这道菜明媚欲滴，所以，就有了一个诗意的名字——胭脂鹅脯。

有一本叫《易牙遗意》的烹调书籍中说到了胭脂鹅脯的做法：

> 鹅一只，不碎，先以盐腌过，置汤锣内蒸熟，以鸭弹三五枚洒在内，候熟，杏腻浇供，名杏花鹅。

杏花是红色的，其红色如同胭脂色，所以，杏花鹅就是胭脂鹅脯。用现在的话说，胭脂鹅脯的做法是将鹅收拾干净，先用盐腌，然后烹制成熟，鹅肉呈红色，故曰胭脂鹅脯。曹雪芹的先人曹寅写有这样的诗：

> 选次不辞过，知君怜我真，红鹅催送酒，苍鹖解留人。

红鹅就是胭脂鹅，确切地说就是胭脂鹅脯。张爱玲也写过胭脂鹅脯。张爱玲想必没有吃过胭脂鹅脯，否则她不可能只是如此猜测："想必是腌腊。"鹅在《红楼梦》中被反复写到，张爱玲对此印象颇深，她说迎春"鼻腻鹅脂"，古人说女子皮肤好一般都用"肤如凝脂"四字，张爱玲不明白曹雪芹为什么单单要用"鹅脂"二字。是不是曹雪芹家做菜都用鹅油？《红楼梦》中还有一道点心叫松瓤鹅油卷，张爱玲认为：

> 上古男子打猎打了"莫雁"就当成聘礼送给女方，莫雁就是野鹅，《儿女英雄传》的聘礼就是一只鹅，《红楼梦》里爱食鹅肉鹅脂还是上古遗风。好像《水浒》《金瓶梅》里是不食鹅的，想必因为是北方，受历代胡人影响较深，有些汉人习俗没有保存下来。

是不是据此可以断定，《红楼梦》的故事多半是发生在江南，江南多水，更适宜于养鹅。

鹅脯犹如胭脂美，一片美好动人心。鹅脯本是寻常之物，然而，无论多么平淡无奇的寻常之物，若是有一颗慧心和一双巧手的精心点染，就会有了不寻常的美了。

（选自《作家文摘》第 2168 期）

咖喱不在印度

◎ 李崇寒

咖喱起源于印度，却在 2017 年以 100 亿盘 / 年的消费量荣登日本国民美食排行榜首位。印度咖喱的国际化，得益于日不落帝国的殖民辐射。

印度菜单上没有咖喱

咖喱其实是一个很宽泛的概念，它是 17 世纪英国人对印度饮食的一种概述，用来指代印度各地加有混合香料的浓稠酱汁或汤汁的菜肴，由印度南部泰米尔语 "kari" 发展而来，有 "许多的香料加在一起煮" 的意思，混合肉、蔬菜、豆子等食材，做成浓汤般稠密的酱汁，搭配米饭食用，便成了英国人眼中的咖喱（其实就是一种浇汁）。

印度当地人可不这么称呼，虽然有酱汁，每道菜各有自己的名称，口味依使用的香料不同，他们不会在菜单上标注 "咖喱" 字样，反倒更愿意使用 "马拉"（Masala），这是一种事先准备的香料混合物，用来搭配鸡、鱼、羊和各色蔬菜烹煮，在烹饪的最后阶段加入菜肴中。

印度用香料进行烹饪的历史在英国人到来之前已持续了数千年。公元 1500 年之前，胡椒是印度饮食保留菜单中最辣的调味品，咖喱的辣味多仰仗于它。葡萄牙人抵达印度后，带来了辣椒，顺走了胡椒，辣椒就像"穷人的救星"般在印度南部野蛮生长，成为咖喱重要的一味调料。

咖喱粉：英式改良的产物

哥伦布物种大交换为咖喱提供了各式香料：姜黄、生姜、肉豆蔻、桂皮、丁香、小豆蔻、芫荽、辣椒、洋葱、大蒜等等。印度人制作咖喱前，会在当天早晨把新鲜食材研磨好，做成烹调用的糊和酸辣酱。在传统的印度厨房里，咖喱粉不存在。没有什么比新鲜香料更能确保食物浓郁的香味。

但对大多数英国人来说，制作流程复杂，有的新鲜香料不易得，何不简化一点，干脆将多种混合香料磨成粉，直接使用？为了迎合领主的口味，印度出现了咖喱粉，对琳琅满目的各式菜肴进行简化。19世纪50年代，咖喱在英国人的饮食中占得一席之地。制作英式咖喱只需三步：将洋葱和肉放在黄油中煎；加入咖喱粉；混合汤汁或牛奶慢慢熬煮。

1935年，为了庆祝乔治五世登基25周年（即所谓"银禧年"），英国皇家厨房用煮熟、切碎的鸡胸肉和奶油、蛋黄酱、咖喱粉等制作了"禧年鸡"，和大米蔬菜色拉一起食用。18年后，当乔治五世的孙女伊丽莎白二世女王登基，英国皇家厨房在"禧年鸡"基础上又发明了"加冕鸡"。

大众印象里，炸鱼和薯条是英国国菜代名词，但在很多英国人心目中，咖喱烤鸡（Chicken Tikka Masala）才是他们的国菜，从英国几乎每座乡镇都有"咖喱屋"来看，咖喱在英国的地位不可撼动。

自成一派的日式咖喱

咖喱之于一国饮食之重要性，日本人与英国人感同身受。

明治维新后，当英国商船带着大量西洋食物：面包、冰淇淋、猪肉饼、碎牛肉，改良的英式咖喱出现在横滨、神户等对外开埠的港口城市，咖喱不再被视为"带有奇怪臭味的酱汁"，而是从西洋传来的，"文明开化""时髦"的代名词，日本人渐渐习惯这种香料味，并依据自己的口味，经几十年的时间，将其打磨成日式咖喱。

东京"风月堂"（以西点为主打）1886年首次推出"咖喱饭"，每份售价八钱，相对一钱就可吃到一餐荞麦面条，已属昂贵消费。不过对于老百姓来说，"风月堂"所卖食品都是平生未见，满足好奇心，过过嘴瘾也是极好的。

细究下来，"风月堂"通过添加酱油、日本人喜爱的海鲜汤，让咖喱汁的味道更柔和并带有甜味，只是为什么少了大家熟知的日式咖喱饭三大标配——土豆、胡萝卜、洋葱？原来，它们作为江户时代就被引进的外来品，大规模种植却是在北海道开拓后。因为北海道气候特别适合洋葱、土豆和西洋红萝卜的种植，札幌农学校学生1881年左右就吃上了咖喱饭。随着土豆、胡萝卜、洋葱产量的不断增加，三大标配成为日式咖喱区别印度、英国咖喱的关键。

（选自《作家文摘》第2185期）

油条里有创造

◎ 成健

油条可算是中国千百年来长盛不衰的食物，东西南北中，各地的油条大同小异。但即便是细微的差别，在文人眼中往往也包含了特别的意味。

1982年初夏，沈从文回到了阔别多年的湘西凤凰。故乡的山水田园依旧那样宁静清幽，故乡的风味小吃也依旧那样别具一格。据黄永玉回忆：

> 早上，茶点摆在院子里，雾没有散，周围树上不时掉下露水到青石板上，弄得一团一团深斑……

沈从文一边静静地喝着豆浆，一边称赞家乡的油条："小，好！"

梁实秋平生也爱吃油条，先前在大陆，后来到了台湾，烧饼油条一直是他常吃的早点，但台湾的油条不够脆硬。走南闯北几十年，梁实秋在饮食方面见多识广，他也介绍过北方的烧饼油条，可谓花样繁多：烧饼可以分为螺蛳转儿、芝麻酱烧饼、马蹄儿、驴蹄儿等，油鬼则有麻花儿、甜油鬼、炸饼儿等几种。

> 螺蛳转儿夹麻花儿是一绝，扳开螺蛳转儿，夹进

麻花儿，用手一按，咔吱一声麻花儿碎了，这一声响就很有意思，如今我再也听不到这个声音。

梁实秋喜欢听油条压碎的声音，这是一种趣味。但是，这种趣味在张爱玲看来或许就是一种恶趣了。张爱玲对于食物口感的追求几乎达到了极致，细腻的味觉用细腻的文字表达出来，十分难得。比如：

> 大饼油条同吃，由于甜咸与质地厚韧脆薄的对照，与光吃烧饼味道大不相同，这是中国人自己发明的。有人把油条塞在烧饼里吃，但是油条压扁了就又稍差，因为它里面的空气也是不可少的成分之一。

周作人津津乐道的是另一种做法：

> 先将原本两折的油条扯开，改作三折，在熬盘上烤焦，同时在预先做好的直径约二寸，厚约一分的圆饼上，满搭红酱和辣酱，撒上葱花，卷在油条外面，再烤一下，就做成了。

周作人认为，饼包油条，油条绝对是主角，饼则是配角。油条的价格是二文，葱酱和饼只要一文。他还指出，这种吃法的特色是油条加葱酱烤过，香辣好吃。

最值得称道的还数汪曾祺。塞馅回锅油条，是汪曾祺为之自豪的一个创造。他在给好友朱德熙的一封信中相告，他最近发明了一种吃食：买油条两三根，劈开，切成一寸半长一段，内层掏空；将肥瘦各半的猪肉馅拌上葱花姜末以及少量榨菜末或酱瓜末等，塞入油条窟窿，入油锅炸焦。他自己形容这道菜"极酥脆，嚼之真可声动十里人"。后来，汪曾祺又将塞馅回锅油条列入其《家常酒菜》一文中，并称：

> 这道菜是本人首创，为任何菜谱所不载。很多菜
> 都是馋人瞎捉摸出来的。

过去卖油条的摊点，一般都会为顾客提供包油条的纸张，如过期的报纸杂志。萧红记述过一件小事：30年代在上海法租界拉都路一个炸油条的小摊上，她发现包油条的纸竟然是鲁迅翻译俄国小说《死魂灵》的原稿！于是写信告诉鲁迅，鲁迅却淡然处之，不以为奇。其实，鲁迅家里吃油炸鸡之类的食物时，也经常拿他的手稿当餐巾纸来用。

豆浆油条，在老舍心目中是最好吃的早饭。在张恨水心目中，老舍是最要好的朋友。

1966年，老舍在北京旧城墙外的太平湖投水身亡。当时张恨水也是惶惶不安，终日足不出户，家人怕他受刺激，对他隐瞒了老舍的死讯。然而正月初六吃早饭时，张恨水从一张包油条的传单上，偶然看到了几个月前老舍投湖自尽的消息，这对他来说不啻晴空霹雳。第二天清晨，张恨水正要起床，在家人为他穿鞋时，突然仰身向后倒去，从此再也没有起来。

烧饼夹油条、字纸包油条……普普通通，平平常常，但也许，其中还夹进了人生苦乐，包含了世间悲欢。

（选自《作家文摘》第 2083 期）

面条：娱乐圈晒幸福的道具

◎ 指间沙

当邓文迪还是默多克夫人时，她曾经亲自下厨，在家做了牛肉面款待两位大牌女星——刘嘉玲和章子怡。刘嘉玲在吃到邓文迪做的面后道："这个点上在你家吃到你亲手做的牛肉面，很幸福。"

一直以来，刘嘉玲早年主演的周星驰电影《大内密探》里那句关于面条的台词，被无数人奉引为"平凡幸福"至高境界。无论周星驰演的阿发在外多么落魄不得志，甚至疑似有外遇，刘嘉玲演的妻子都会忽然转个话题，问一句："你肚子饿不饿？我煮碗面给你吃好不好？"这一招屡试不爽，化解所有烦愁。

同样的场景，在张艺谋前妻肖华所著《往事悠悠》里也有出现。肖华洗衣服时发现了巩俐写给张艺谋的情书，尽管当时感觉五雷轰顶，仍旧给丈夫做了他爱吃的面条：

> 下午六七点钟张艺谋回来了，说他还没吃饭，我给他下了一碗面条，自己不想吃，就默默地坐在床上看着他吃。我脑子里一片混乱，似乎丧失了思维能力。张艺谋一边吃，一边对我说："这件事我本来没想瞒你，回来后一直很忙，想等忙完后再告诉你，在山东我们俩还没有什么，到宁夏后，发生了那么几次……"

张艺谋对面条是绝对的真爱。《秋菊打官司》里，张艺谋多次用镜头特写农村人做面条吃面条的场景：炒白菜，拌油泼辣子，浇醋，全家人蹲着，哧溜哧溜地享受面条，那个专注那个解馋！他后来导演的《三枪拍案惊奇》英文名直译的话，就是"一碗面条的简单故事"。宣传活动时，张导带领闫妮、小沈阳等人一起捧着大碗吃油泼辣子面，而电影最让人印象深刻的正是油泼面。

在张艺谋和陈凯歌成为前呼后拥的大师前，曾经一起在家吃过面条。肖华写道：

> 那天我做卤面，陈凯歌见我把生切面放在炒好的菜上焖，觉得很新鲜，面熟后，他吃着连说，好吃，好吃。

白洁的面条不仅是一种可以迅速让人填饱肚子的食物，也往往象征着质朴的情义。

在娱乐圈里，面条时常是被用来晒幸福的道具。黄晓明在《锦绣缘》里要酷演"左二爷"，回家后卸下霸气当暖男，为女友下厨做炸酱面。女友夸赞："黄氏销魂面 by'左二爷'，评分：5星。"

不过，最爱炸酱面的还得数"北京大妞"章子怡。多年来，每当她要表达想家的意思，都会感性地说："想吃妈妈的炸酱面了。"章妈妈的炸酱面长什么样？全国人民都已经看到了。

在章子怡凭"宫二"一角拿到第十个最佳女主角奖之际，

她对坐在底下的父母喊道："今晚十全十美了，明天晚上，我们煮碗炸酱面庆祝吧！"果然，不久以后愿望实现了，章子怡特意把影后奖杯和一大碗炸酱面摆在桌上合影纪念。

面条文化在中国东南西北遍地开花，看似简单却能组合搭配出许多花样来，品种繁多。各地的明星都有藏在内心深处的"私房"一碗面。

重庆人爱麻辣鲜香的小面，张晋说："吃小面是种情怀。"台湾人爱酥软的牛肉面，周杰伦也会悄悄地潜入夜市吃永康牛肉面。而香港人钟意爽滑弹牙的云吞面，爱吃的谭咏麟总结道："出锅的云吞面一定要在三分钟内入口，那样才能不软不硬。"

邓超不幸发起高烧，惹来众多粉丝嘘寒问暖。他倒是第一时间在网上晒出了太太孙俪下厨煮面的照片，感叹道："生活，就是媳妇给你下的面条。""甄嬛娘娘"的这碗面，想必是好吃得要流泪了。

成龙庆贺六十大寿是件娱乐圈大事。连续数日的寿庆，阵仗堪比国际电影节红毯。不要说香港明星了，内地大腕也来了许多，姜文、赵本山、葛优、李冰冰、白岩松、杨澜、陈鲁豫、黄渤……还专机接来韩国的金喜善。不过，成龙的生日慈善晚宴很简单，只为嘉宾准备了两碗面：一碗是长寿面，一碗是宽心面，外加大盘寿桃。

赵本山手端着碗，吃面吃得尤其认真。吃了生日面后，直奔慈善晚宴主题，嘉宾将六位数、七位数、八位数的钞票掏出来，以真金白银在拍卖场上讨寿星公欢心。

（选自《作家文摘》第 2086 期）

苹果：故事最多的水果

◎ 赵爽

苹果，是最日常的水果之一，也是故事特别多的水果。

"金苹果"与"禁果"

首先会想到的是古希腊神话中引起了 10 年特洛伊战争的金苹果。

其实，在希腊神话里，金苹果不止出现了一次，其内涵也非常丰富。金苹果第一次露面，是在宙斯与赫拉的婚礼上。诸神都送了贵重的结婚礼物，地母盖亚（宙斯的祖母，也被誉为众神之母）的礼物最为特别，是一棵结满了金苹果的树。

西方文化史上另一个著名的苹果故事，就是亚当、夏娃在蛇的诱惑下偷吃"智慧果"被赶出乐园。

苹果一再出现在欧洲文明史的故事中，有一个重要的原因是，从荷马时代开始，苹果树（并不一定都是栽培的）已经是欧洲最常见的一种果树了。不过，苹果其实并不起源于欧洲。

从"塞威士苹果"到"蛇果"

资料显示，野生苹果已经有 2000 多万年的历史，由于天山山脉特殊的地理气候，分布在我国新疆、哈萨克斯坦以及其他一些地区的野苹果，躲过了第四纪冰川期，是宝贵的天然苹果基因库。这一类野苹果，学名叫新疆野苹果，也叫塞威士苹果。

新疆野苹果是经由哪条路径到达欧洲各地的，目前仍然是学界讨论的话题。

在西方，有关苹果栽培最早的可靠证据，出现在公元前4世纪的学者、亚里士多德的学生狄奥弗拉斯图（约公元前371—前288年）撰写的《植物问考》一书中。这位学者还特别指出他所记载的苹果是栽培品种。

从古希腊开始，苹果就一直以各种形式出现在欧洲人的餐桌上，当作餐后水果是最直接的方式。不过，或许是因为禁果故事造成的影响，西方人对生吃苹果多少有点心理障碍。著名的童话故事《白雪公主》中，王后化身为老太婆骗白雪公主吃下毒苹果的段落，多少就反映了这种心理。

更多的时候，欧洲人是将苹果做熟，烤苹果、炖苹果、苹果派、苹果果酱，都是常见的做法。英国小说家简·奥斯汀的小说《爱玛》中，男主人公奈特利先生的庄园里有一棵苹果树结的苹果特别适合烤着吃，为人慷慨的奈特利先生听说邻居一位小姐爱吃烤苹果，特意把这一年这棵树结的苹果都送给了她，为此还让人误会他在向这位小姐示爱。

欧洲人很早就发现，那些吃起来味道不太好的苹果，可以用来酿酒。从古希腊、古罗马到法国、英国，很多国家都自己培育专门的酿酒苹果品种。

美国的"蛇果"，会让人联想到夏娃、苹果和蛇的故事，事实上却与此无关。这种苹果通体鲜红灿烂，果型稍长带棱角，底部明显地有五个"支点"，因此又被称为"新红星""五爪"。

"蛇果"之得名，是因为它的英文名字是 red dilicious apple，在中国香港初译为"红地厘蛇果"，简称为"蛇果"。

从"柰"到"苹果"

源自我国新疆和哈萨克斯坦等中亚国家的野苹果，在向西传入欧洲的同时，也很早就在我国开始种植。

在西汉武帝时代的著名文学家司马相如的《上林赋》中，有一句"榱柰厚朴"，文中的"柰"是苹果在中国的古称之一。这是苹果在古书中较早的记录。

到了曹植写作《谢赐柰表》的三国、两晋时期，关于"柰"的记录更多了一些。这里需要说明的是，我国古代的"柰"，属于品种比较古老的绵苹果，口味和现在的苹果是不大一样的。

到了唐宋时期，"柰"又多了几个名字，"频婆""苹婆""蘋婆"，这些都是音译。

至于"苹果"这个名字，专家考证，最早出现在明末王象晋的《群芳谱》（初刻在 1621 年）里，书中"柰"的条目后增设了"苹果"一条，指出它的树体"似林檎而大"，果实"如梨而圆滑，生青，熟则半红半白，或全红，光洁可爱玩，香闻数步"。

"苹果"在中国定名两个多世纪后，19 世纪 70 年代，美国长老会牧师倪维思，将故乡的一些苹果树苗带到了中国的烟台，在烟台的山上建立了一些小型的果园。大约就在这个时期，其他外国品种的苹果也逐步引入中国，在各地种植。

这些"西洋苹果"口味酸甜适中，品相更美观，也更耐储藏，很快就取代了绵苹果的地位，成为直到今天还流行于市场的主要苹果品种。

（选自《作家文摘》第 2096 期）

欧洲人的土豆情怀

◎ 常晖

　　土豆之于欧洲人，好比米饭之于中国人，最大众、最普通，是欧洲老百姓必不可少的主食。不同形状和色泽的土豆，早熟与晚熟的土豆，口感也各不相同，有些甜美，有些清爽，有些面面的，有些脆脆的，有些可以连皮食用，有些最好切片处理。

　　土豆食谱更是五花八门，盐煮土豆、土豆泥、土豆沙拉、土豆饼、炸土豆条、椒盐土豆片、土豆丸子、奶油土豆、熏肉炒土豆、德式烤土豆，还有土豆牛肉汤等，都是司空见惯的家常菜。

　　市场上，土豆的身价以公斤或大麻袋而论，低廉至极。欧洲人拿土豆开心的比喻不胜枚举，其中毫不掩饰一份善意的嘲弄。诸如"吃土豆让人愚笨""你这下子得靠土豆度日了""他会像扔掉烫手土豆那样抛弃你的"……

　　连画家笔下的土豆也显得下里巴人，在昂贵的油画颜料里，土豆带着大自然的土腥味儿，波澜不惊地映射出底层老百姓的平凡生活。看看凡·高画的土豆系列吧：《种土豆的农妇》《挖土豆的农家夫妇》《装土豆的男子》《窗户旁削土豆皮的女子》《吃土豆的人》《沙丘后的土豆田》《黄碟中的土豆》……每一幅画的名字，都那么接地气。

　　在柏林的农民市场上，土豆被冠以非常漂亮的名字，如阿娜贝尔、齐娜、龚达和斑伯格小喇叭等，一筐筐的土豆旁边是青红紫白的萝卜芹菜，相映成趣。

土豆原产地不在欧洲。16世纪中叶，西班牙探险家在南美秘鲁发现了土豆，将之带回欧洲。很快，土豆受到欧洲国家贵族的青睐，成为皇家餐桌上的高贵水果。但土豆生吃常导致肚子痛，所以土豆最初传入欧洲时被认定为是毒果子。关于煮熟后食用，还是欧洲人后来才悟出的。

17世纪初，爱尔兰政府面对经济窘况，发现土豆有解决民生的大作用，开始大面积培植土豆。相对于小麦，土豆的食用简便得多。于是土豆在欧洲各国安家落户，并成为老百姓赖以为生的主食，甚至是唯一的主食。

（选自《作家文摘》第 2036 期）

烧卖的江湖地位

◎ 沈嘉禄

烧卖在上海，江湖地位一直比较尴尬。与鲜肉大包比，它的身坯明显单薄，与小笼馒头比，它的腰围又大上一圈，但一口气吃上七八只也没有饱腹感。拿它与满街都是的生煎比，人们肯定偏向后者。

今天，餐饮市场风生水起，生煎、小笼招摇过市，锅贴、煎包也来切一块奶酪，三丁包、干菜包、鲜肉包、香菇菜包、豆沙包等组成的包子家族仗着人多势众，在市场上拳打脚踢，跑马圈地。这个时候，潜龙在渊的烧卖再也不甘寂寞了，重出江湖！

重出江湖的烧卖，开始还有些犹犹豫豫，先以糯米烧卖打亲民牌，但富起来的老百姓不买它的账。要吃就吃纯肉的，或者鲜肉加春笋，或者虾仁。总之，在美学形式上要求一口一只，在味觉感受上要求提升档次，在售价上允许放开，合理竞争。

饮食史专家经过考证，认为烧卖源起元大都，也就是北京，慢慢流行到长江以南地区，所以烧卖的资格不算老，不如馒头和包子，也不如馄饨。

在《金瓶梅》里我找到了烧卖的蛛丝马迹，比如应伯爵等人吃过桃花烧卖，西门庆给侯巡抚、宋巡按吃的则是大饭烧卖。前者是肉馅，分猪肉馅、羊肉馅或者牛肉馅，后者就是糯米烧卖的祖宗。

现在，中国餐饮市场繁荣，自北至南许多城乡都在热气腾腾地叫卖烧卖，各有秘辛。有一次，我与几位爱好收藏的朋友去南京夫子庙淘宝，在秦淮河边一家茶楼里喝茶吃早点。五六样点心拼成一套，其中有翡翠烧卖，我惊喜之下夹起来就吃。唔？不烫嘴，又是咸的，咬了一口就没有胃口了。

　　翡翠烧卖是扬州名点，由富春茶社创始人陈步云首创，特点是皮薄馅绿，色如翡翠，糖油盈口，甜润清香。关键在馅心，用青菜泥做成，加蜂蜜、加猪油、再加蒸熟的火腿末提鲜，所以甜中带咸，咸不压甜。唐鲁孙在《酸甜苦辣咸》一书中写到他在扬州月明轩吃翡翠烧卖的感觉。"这笼点心自然是特别加工细做啦，烧卖馅儿是嫩青菜剁碎研泥，加上熟猪油跟白糖搅拌而成的，小巧蒸笼松针衬底，烧卖褶子捏得匀，蒸得透，边花上也不像北方烧卖堆满了薄面（干面粉，北方叫薄面）。我有吃四川青豆泥的经验，它外表看起来不十分烫，可是吃到嘴里能烫死人。夹一个烧卖，慢慢地一试，果然碧玉溶浆，香不腻口，从此对烫面甜馅儿蒸食的观感有了很大的改变。"（《糖蜂糕和翡翠烧卖》）

　　我把服务员叫过来问个究竟，服务员支支吾吾答不上，再叫厨师长出来，告诉他翡翠烧卖的来历：在万恶的旧社会，扬州这个销金窟里鸦片鬼挺多的，吸食鸦片的人终日口苦，需要甜食来调节，富春茶社于是推出了色泽悦目、现做现蒸、甜度很高的翡翠烧卖来满足这部分人的需要。今天大家都不吸鸦片了，但这个特色好像不能随意改变吧。

　　撇开感情因素，纯粹从出品考量，我认为上海的烧卖要比北方许多城市的烧卖好吃得多。今天，上海人提及烧卖，言必称"下沙"。不错，康桥、召稼楼、七宝、新场等处的烧卖在网上名气很响，他们都称自己是下沙烧卖的正脉，被列入浦东新区非物质文化遗产目录。新鲜的猪肉丁加了笋丁，还有浓郁醇厚的皮冻，馅心的味道果然不差。

（选自《作家文摘》第 2002 期）

河豚肉，老饕为它拼命

◎ 沈嘉禄

苏东坡是河豚鱼的粉丝

河豚鱼经过一个冬季的滋养，背宽腹厚，肉嫩脂肥，底气十足地在长江中下游逡巡。跟吃长江刀鱼一样，吃河豚鱼也一定要赶在清明前，过了时节，河豚鱼表皮少许很难除去的细鳞也坚硬而戳口了。

古人咏河豚鱼的诗留下不少，这是老祖宗满足口福后的真情告白。比如"如刀江鲚白盈天，不独河豚天下稀"，再比如"柳岸烟汀钓艇疏，河豚风暖燕来初"。最有名的当数苏东坡的那首"竹外桃花三两枝，春江水暖鸭先知，蒌蒿遍地芦芽短，正是河豚欲上时"。苏东坡想念河豚鱼的美味，春笋、鸭子、蒌蒿和芦芽都是铺垫，是冷菜，为压轴戏的登场演好前戏。

河豚鱼脾气很大，一不对劲就怒发冲冠，肚子胀得圆鼓鼓，像返航的潜水艇那样浮上水面。古人知道它的七寸，就把它们赶到塘里，用竹竿敲击水面，或截流为栅，再将水拷去部分，使塘内的河豚鱼因相互挤攘而发怒鼓腹，一尾尾如气球一样浮到水面上，渔人用网打捞，手到擒来。

因为河豚鱼发怒而鼓腹，古人以为吃了河豚鱼也会鼓腹而死。其实是鱼子最害人，生的时候小如芥子，一尾鱼抱子成千上万，吃进肚后每粒都一起用力胀成黄豆那般大，当然能将人肚子撑破。河豚鱼的毒素还分布在内脏和血液，所以整治河豚鱼首先要大刀阔斧地剔抉内脏，洗清血筋。烧煮时据说最好以酒代水，大火煮沸，中火焖透，直至收汁，时间约在一支半香。

鲁迅吃过河豚鱼刺身

鲁迅诗："故乡黯黯锁玄云，遥夜迢迢隔上春。岁暮何堪再惆怅，且持卮酒食河豚。"这是写于1932年的《无题二首》中的第一首。同年12月28日，大先生在日记里记了一笔："上午同广平携海婴往筱崎医院诊……晚坪井先生来邀至日本饭馆食河豚，同去并有滨之上医士。"

坪井和滨之上均为在上海开筱崎医院的日本医生，曾多次为鲁迅家属看病。当时虹口一带日本料理不少，而且在不是"欲上时"的冬天也供应河豚鱼。

烧河豚鱼的厨师，必定是江湖上的职业杀手、餐饮界的007。如今，他们每年元宵节后就往城里跑了，受聘于某熟识的私营酒家，彼此有长期的默契。在江阴——这是河豚鱼的主要产地和消费场所，烧河豚鱼是按分量计算酬金的，烧1公斤，厨师加工费120元。吃一桌完整版河豚鱼，至少要消耗10公斤，厨师的报酬可想而知。不过这也是刀口舔血的生活，河豚鱼烧好后按规矩由厨师先吃，吃后乖乖地坐在厨房里，可抽烟喝茶，但不许走开，两个钟头后没问题了，才可让客人大快朵颐。在江阴，河豚鱼都是回锅后上桌的，断没有现烧现吃。红烧河豚上桌时每人一尾，一张糯软韧滑的鱼皮盖在鱼身上，皮上有许多小刺，用筷子一卷，一口吞下，据说十分养胃。

我在江阴吃过几回河豚鱼，一干不怕死的吃货鱼贯而入，包房内团团坐，没人让座，长幼无序，埋单的老板此时也不会像往常那样客气地说："请，请，请！"粗瓷大盆的河豚鱼上来后，各自闷头吃开了，连酒也没人劝。据说过去吃河豚鱼，客人自己还要摸出一只角子放在桌子上，表示自己是付了钱的，出了人命与主人无涉。还有一点，饭桌边还要放一只须两人抬的大马桶，万一有人感到不对，赶快清仓。

在崇明我也吃过河豚鱼，与别处红烧不同的是，此处一律为带汤白煮，汤为浓郁的乳白色，开了膛后的鱼肉会反卷起来，鲜嫩度略胜红烧一筹，表皮留有少许细鳞，但不影响咀嚼吞咽。唇舌略微有持续麻木，诚为最妙的境界，不过一旦这种感觉超过临界点，就得赶紧往医院里送。

至于滋味，老实说，鲜美度上是胜过如今塘里家养的绝大多数河鲜，但胜出无多。我认为它不如鲜蹦活跳的带子河虾和正宗的阳澄湖大闸蟹，跟刀鱼也不能一拼。唯嫩滑肥软一点上，这厮可以傲视所有水族。

（选自《作家文摘》第 2018 期）

你吃过情书饼吗

◎ ［马来西亚］朵拉

大年初一清晨，入口的一定是红枣桂圆甜汤。旧的一年无论甜酸苦辣，无论好坏难易，都已经成为过去，新春首日第一口食物非得甜如蜜不可，其中蕴涵着对新一年的憧憬和期盼。

南洋年糕是甜的。一年一年从小吃到大，毫无疑问，一直到认识了中国朋友，才听到一个新鲜问题：你们的年糕是甜的？

中国朋友把他路过广州买的年糕双手奉上。"可蒸可炒可炸，看你喜欢什么样的吃法。"

"这，这不能叫年糕吧？"我下意识马上否定它的地位。左看右看，这面相跟我们平时在广州点心馆子里吃的"萝卜糕"没大差别，难道只因为里头添加了北风风干的腊肠，它便升级成为年糕了吗？特别到南洋来看本地华人如何过春节的朋友，千里迢迢带来的手信是他心爱的食物。他的年糕是咸的，但他这份浓情很甜。

年糕到底是甜或咸无须争议，重要的是过年要有年糕。春节期间妈妈的谚语特别多："吃年糕，年年高。"大年初一早餐的甜汤喝过，接下来要配一碗"山珍海味汤"，汤里有妈妈黎明起来为大家煮的面线。长长不断线的面线寓意长寿。妈妈不会忘记以"富贵长寿"的祝福来拉开年的序幕。

华人就算人在南洋，过年也不是一天两天，起码得初一过到十五。南洋人的春节食物和南洋气候一样火辣，饭桌上除了中国式菜肴，还有娘惹咖喱鸡、亚参鲜虾、参巴香辣鱼、沙嗲鸡肉等，中国朋友对这些貌似中餐又混杂南洋味道的菜肴，觉得迷惑又感兴趣，接受度很高。

饭菜之外的南洋年糕，更受中国友人的欢迎。尤其是马来人叫"荷兰饼"、华人称"加必糕"的炭烘甜饼。这是以米浆、椰浆、鸡蛋加上适量的糖，混在一起搅成米糊，制作时将一勺浇入长柄圆形饼模，置放炭炉上烘烤，那香喷喷的味道根本无法掩藏。一家制饼，香气飘溢一条街。闻到香气最浓郁时，将饼模打开，圆形模中贴着一片金黄色，制作者趁热扯下，刚出模的饼是软的，赶紧在第一时间将又热又软的饼上下一折，又左右一折，成了小扇子形状。

这娘惹年饼有个英文名字 LOVE LETTER（情书）。又香又甜的情书饼，传递的是人与人之间的友情，也是南洋人最爱送的年礼。才第一口，中国朋友便惊喜地欢呼真好吃呀！

（选自《作家文摘》第 2309 期）

比利时啤酒：可以喝的非遗

◎ 史利平

只在修道院里买得到，买前要打电话预约（据说每小时有8.5万人拨打）并登记车牌号，每两个月才能买一次，每次最多买两箱，还得承诺不会转售给第三方……你能相信这是在卖啤酒吗？当然，这不是普通的啤酒，而是产自比利时圣西克斯图斯修道院的"威斯特佛兰德伦12"啤酒。

十几年来，这种啤酒在专业评酒网站上一直名列前茅，代表着比利时啤酒业的水平。在这个国家，啤酒酿造的历史可追溯到11世纪末第一次十字军东征时期，当时在天主教会的许可下，比利时部分地区的修道院纷纷通过酿造和销售啤酒来筹措军费。之所以选择制造啤酒，是因为当时的饮用水不够干净，酒精度低的啤酒被视作更卫生的饮品而颇受大众欢迎。到了法国大革命时期，许多从法国逃出来的修道士在比利时的修道院里安营扎寨，进一步推动了修道院啤酒的发展。时至今日，修道院啤酒早已成了"全球知名品牌"。目前，全世界经过权威认证的修道院啤酒厂商只有11家，其中6家在比利时。

修道院啤酒在酿造过程中没有过滤和分离工序，因此富含麦芽和木桶的芳香，口味很重，属于烈性啤酒。其中最具代表性的品牌就是威斯特佛兰德伦，它的生产者全部是修道士，产品不贴商标，价格也不高，每箱（24瓶）售价35—45欧元。不过它的产量很少，供不应求，购买限制条件多，因此显得异常珍贵。

比利时还有很多其他风格的啤酒产品，各种啤酒工厂遍布全国。比利时啤酒有 400 多种口味，酒精含量从几乎为零到超过 12%，味道从超级甜到倒牙酸，几乎能满足所有人的口味。之所以种类这么多，是因为比利时法律允许酿酒商随心所欲地使用大麦、燕麦或小麦，还可以自由添加焦糖、香菜、大茴香和百里香等，这种自由的传统使比利时酿酒商更关注啤酒口味，而不在乎原料是否纯粹。

比如，为了平衡麦芽的甜味和啤酒花的苦味，酿酒商通常会加入果味，或添加辛辣味、花香、草药香。因此，有的比利时啤酒散发着草场气息，有的带着蘑菇清香，有的混着烤面包味或焦糖味，还有些在装瓶时被加入酵母，喝到口中有特别的质感。

更为有趣的是，几乎每一种比利时啤酒都有相应的酒杯，无论是咖啡馆、啤酒屋还是小酒馆，使用的啤酒杯款式之多让人眼花缭乱。

质量上乘的比利时啤酒不能大口灌，而要像喝红酒那样仔细品。从入口时的酸涩，到下咽时苦味中夹杂的果甜和麦芽香，口感丰富多元。搭配菜肴时，比利时人也绝不马虎：小麦啤酒配海鲜，金色或三料啤酒配白肉，双料或深色啤酒配红肉，水果兰比克啤酒配甜点……比利时啤酒可以是阳春白雪，在顶级餐厅与高档食材相得益彰；也可以是下里巴人，在洒满阳光的草坪上与汉堡、薯条、奶酪、巧克力等小零食和谐共处。

在这个盛行啤酒文化的国度里，比利时人的大多数活动要么以啤酒开场，要么以啤酒结束，而且每种场合必有一款合适的啤酒。全国几乎每周举办一个啤酒节，大多数城市和村庄都有啤酒爱好者俱乐部。2016 年，比利时啤酒文化被联合国教科文组织列入世界非物质文化遗产名录。

（选自《作家文摘》第 2160 期）

作家文摘

　　《作家文摘》是一份文史见长、兼顾时政的综合性文化类报纸，创刊于1993年，由中国作家协会主管、中国作家出版集团主办。以"博采、精选、求真、深度"为办报宗旨，以"用最少的时间做最有价值的阅读"为口号，立足文化品质定位，关注政治人物兴衰、探讨新闻背后、社会深处，还原历史真相，荟萃名家妙笔，为读者提供高品质、高价值、高效率的阅读，是一个极具影响力和公信力的文化传媒品牌，也是成熟精英人士首选的文化读物。

　　由于时间仓促及其他原因，编者未能与本书所收个别作品的作者取得联系，请作者及时与编者联系，支取为您预留的稿酬与样书。谢谢！

联系地址及联系人：100125

北京朝阳区农展馆南里十号《作家文摘》报社编辑部

今日头条号　　微信公众号　　抖音号